APRENDER A LER E AVALIAR A LEITURA.

O TIL: TESTE DE IDADE DE LEITURA

Centro de Estudos da Criança
Universidade do Minho

APRENDER A LER E AVALIAR A LEITURA.
O TIL: TESTE DE IDADE DE LEITURA

REIMPRESSÃO DA 2.ª EDIÇÃO DE SETEMBRO DE 2009

ANA SUCENA
SÃO LUÍS CASTRO

APRENDER A LER E AVALIAR A LEITURA
O TIL: TESTE DE IDADE DE LEITURA

AUTORES
ANA SUCENA
SÃO LUÍS CASTRO

EDITOR
EDIÇÕES ALMEDINA. SA
Av. Fernão Magalhães, n.º 584, 5.º Andar
3000-174 Coimbra
Tel.: 239 851 904
Fax: 239 851 901
www.almedina.net
editora@almedina.net

PRÉ-IMPRESSÃO | IMPRESSÃO | ACABAMENTO
G.C. GRÁFICA DE COIMBRA, LDA.
Palheira – Assafarge
3001-453 Coimbra
producao@graficadecoimbra.pt

Setembro, 2010

DEPÓSITO LEGAL
297669/09

Os dados e as opiniões inseridos na presente publicação
são da exclusiva responsabilidade do(s) seu(s) autor(es).

Toda a reprodução desta obra, por fotocópia ou outro qualquer
processo, sem prévia autorização escrita do Editor, é ilícita
e passível de procedimento judicial contra o infractor.

Biblioteca Nacional de Portugal – Catalogação na Publicação

SUCENA, Ana, e outro

Aprender a ler e avaliar a leitura : o TIL :
Teste de Idade de Leitura / Ana Sucena,
São Luís Castro. – (CESC)
ISBN 978-972-40-3919-0

I – CASTRO, São Luís

CDU 159
616

ÍNDICE

Agradecimentos 7

Prefácio 9

Introdução 13

1. Leitura e escrita: modelos de leitura hábil e modelos desenvolvimentais   19
    1.1. Evolução histórica dos modelos da arquitectura cognitiva da leitura e escrita 19
      1.1.1. O modelo descendente e o método global 19
      1.1.2. Os modelos cognitivos da arquitectura da leitura baseados na computação 30
    1.2. Evolução das teorias de aprendizagem da leitura e escrita 38
      1.2.1. Teorias de aprendizagem da leitura pré interactivas 39
      1.2.2. Teorias Interactivas 45
      1.2.3. Aprendizagem da leitura: processo logográfico primeiro e descodificação depois? 53
      1.2.4. A arquitectura da aprendizagem da leitura segundo Seymour   59

2. Dislexia 67
    2.1. Introdução 67
      2.1.1. Controlos de idade cronológica vs. controlos de idade de leitura 69
    2.2 Modelo de dupla via e dislexia 70
      2.2.1. Dois perfis na dislexia de desenvolvimento? 70
      2.2.2. Um único perfil na dislexia de desenvolvimento 74
    2.3. Além das tarefas de leitura: a consciência fonológica e a tarefa de nomeação rápida 75
    2.4. O défice fonológico 75
    2.5. Teorias de desenvolvimento da leitura e dislexia 77
      2.5.1. A teoria de Uta Frith 77
      2.5.2. A teoria de Philip Seymour 80
    2.6. Comparações trans-linguísticas 81

6　*Aprender a ler e avaliar a leitura. O TIL: Teste de Idade de Leitura*

3. Contributo para o Diagnóstico das Dificuldades de Leitura em Português Europeu: O TIL – Teste de Idade de Leitura 89

    Introdução 90
    Descrição do TIL 90
        Materiais 91
        Instruções de administração do TIL 91
        Cotação do TIL 92
        Características do TIL 92
    Método 93
        Participantes 93
        Procedimento 93
    Resultados 93
    Conclusão 96

TIL – Teste de Idade de Leitura 97

Referências bibliográficas 109

AGRADECIMENTOS

A publicação deste livro é resultado da colaboração de um vasto conjunto de pessoas que tornou possível a realização de diversos estudos experimentais sobre a aprendizagem da leitura. A todos, expressamos o nosso profundo agradecimento.

Às Crianças a quem foram administradas as provas de avaliação dos processos cognitivos envolvidos na leitura, por terem aceite colaborar.

Aos Encarregados de Educação pela autorização para a colaboração nos diversos estudos dos seus educandos.

Às Direcções e Professores das Escolas EB1 n.º 33 e n.º 111 do Porto, e dos Colégios Cebes, Flori, Nossa Senhora de Lourdes e Ramalhete pela disponibilidade na colaboração, desde a cedência do espaço físico necessário à avaliação das crianças, até às reuniões de agendamento dessas avaliações.

À Escola Superior de Tecnologia da Saúde do Porto, que tornou possível a equiparação a bolseira da primeira autora para a prossecução do trabalho de doutoramento, do qual, em parte, resulta o presente livro.

Ao PRODEP, pelo financiamento do período de dispensa de serviço à primeira autora.

À FCT, pela concessão de uma bolsa de doutoramento no estrangeiro à primeira autora.

Ao Centro de Psicologia da Universidade do Porto e ao Centro de Estudos da Criança da Universidade do Minho pelos apoios concedidos.

PREFÁCIO

É com enorme prazer que prefacio a presente obra, da autoria de Ana Sucena Santos e São Luís Castro, e que considero de grande importância no panorama da avaliação da leitura em Portugal.

As reflexões que se seguem não se dirigem às autoras, conscientes da problemática que analiso. As reflexões que aduzo são como um "aviso" aos "aplicadores de testes" pouco habituados à reflexão científica e (infelizmente) muito voltados para a "prática" (?) ou para a "clínica" (?), no mau sentido da palavra, e que cada vez são mais numerosos entre nós!

Como nos dizem as autoras, o "Teste de Idade de Leitura" permite estabelecer o nível de leitura de uma dada criança, e se esse nível é aquele que as crianças do mesmo grupo etário ou idade cronológica tipicamente atingem. Esta é uma preocupação antiga quer em França (recordemos nos anos 60 o trabalho pioneiro de A. Inizan), quer nos E.U.A. ou no Reino Unido. Em Portugal emergiu recentemente tal preocupação, e a busca de instrumentos é um dos modos de responder a esta questão. Não nos vamos deter na essência das bases teóricas que levaram à elaboração deste teste de referência a normas, diremos apenas que, segundo as autoras, o teste assenta nas "duas competências básicas ou essenciais na tarefa de leitura – descodificação e compreensão".

Ainda segundo as autoras, o "TIL" colmata uma lacuna no espaço de investigação sobre a leitura, podendo também ser utilizado em actividades terapêuticas junto de crianças com dificuldades de aprendizagem e até no diagnóstico de dificuldades na leitura…

Vale talvez a pena recordar certas limitações dos testes e do seu poder diagnóstico. As autoras conhecem bem os limites das provas psicométricas e, sobretudo, as limitações das inferências ditas de diagnóstico. Recordo pois que esta pequena reflexão se dirige sobretudo ao utilizador comum de provas, o qual, se estiver pouco informado sobre inferências, pode hipostasiar capacidades e o modo de as avaliar sem qualquer rigor científico, tomando essas provas não como um ponto de partida, heurístico, mas sim como um ponto de chegada.

Conhecemos todos o "contágio nocional" com que a Medicina, por analogia, "contaminou" as ciências sociais e humanas, e em particular a Psicologia. Daí que nos tenhamos de debruçar sobre "constatar" e "explicar", conceitos muitas vezes confundidos. Convém também recordar que a noção de "dificuldades de aprendizagem" é um termo falacioso que está, nos dias de hoje, com as novas classificações das Incapacidades e Funcionalidade, (ICF, OMS, 2001) praticamente posto de lado.

Voltando às referências psicométricas, recordemos que, como as autoras propõem, os resultados nesta prova são um ponto de partida para uma investigação sobre causas que levaram a tal resultado. Mas nem todos entendem o resultado de uma prova assim, constatando-se, frequentemente, uma leitura dos resultados mais pelo sentido semântico (bom, mau, atrasado) do que por aquilo que realmente representam. Um resultado de um teste referenciado a normas localiza o sujeito A ou B em relação ao grupo de referência do teste e nada mais. As razões de variabilidade não são do domínio da constatação, mas sim da explicação, e devem conduzir a outros estudos. É a cultura? Foi a história natural do sujeito que obrigou a tal variabilidade? Existiram factores maturacionais em jogo? E o meio de ensino ou familiar também contribuiu para essa variabilidade? Uma simples análise de um resultado leva-nos a problemas de filosofia da ciência (poucos o recordam), como generalização, inferências, causalidade, etc.

Finalmente, uma palavra sobre o conceito de dificuldades de aprendizagem. Este conceito faz sobretudo a sua aparição nos E.U.A. nos anos 60. Já sabíamos que certos resultados baixos nos testes eram por vezes imputados ao meio ou à hereditariedade, sem que ninguém o tivesse provado cientificamente, e isto acontecia sobretudo no caso de crianças de culturas e / ou de etnias diferentes e com condições sociais diversas. As polémicas de Jensen (hereditariedade) e a obra "The Bell Curve" vieram entreter os nossos dias, à falta de uma ciência mais sólida que felizmente hoje começa a surgir.

Em vez de se investigar como se ensinava e aprendia nas escolas, a formação dos professores, a cultura dos pais, etc., etc., surge um rótulo médico, no mínimo paradoxal: um aluno com dificuldades de aprendizagem tem geralmente um nível cognitivo normal (1ª incongruência, a que nível?), não pertence a grupos em grande desvantagem cultural, não tem défices sensoriais, havendo apenas uma incongruência entre o seu nível cognitivo e as suas aprendizagens... Então o que é? Onde está a diferença?

Sabemos hoje em estudos recentes que estes problemas cognitivos (que são também sócio-cognitivos e, em última análise, assentam no funcionamento do cérebro) nos obrigam a abordagens compósitas e multidisciplinares. Já lá vai o tempo do diagnóstico "administrativo" geralmente discriminatório para classificar quem não aprende.

Por último, lembro o que o saudoso filósofo Fernando Gil dizia já em 1993 – *"Aquilo a que chamamos hoje pluridisciplinaridade não é apenas uma metodologia, mas a única metodologia possível, se quisermos compreender o que quer que seja"*. Esta é a razão por que se torna necessário estar aberto dentro de certos limites.

Porto, Abril de 2007

JOAQUIM BAIRRÃO
Professor Emérito da Universidade do Porto

INTRODUÇÃO

> ... É mais fácil medir os rendimentos nacionais do que o desenvolvimento humano. ... Se é evidente que existe uma forte relação ... os resultados humanos não dependem só do crescimento económico e dos níveis de rendimento nacional. ... Por estas razões o Relatório apresenta um conjunto extensivo de indicadores sobre importantes resultados humanos conseguidos em países de todo o mundo, como a esperança de vida à nascença, ou as taxas de mortalidade de menores de cinco anos, que reflectem a capacidade de sobreviver, ou as taxas de alfabetização, que reflectem a capacidade de aprender. (Relatório do Desenvolvimento Humano para as Nações Unidas, 2004, p. 127).

No século XX foram elaborados diversos estudos de carácter internacional que compararam índices de desenvolvimento humano entre diferentes países, no sentido de criar as condições para que se possa assegurar, a médio prazo, que todos os seres humanos possam "viver o tipo de vida que escolheram – e com a provisão dos instrumentos e das oportunidades para fazerem as suas escolhas" (Relatório do Desenvolvimento Humano para as Nações Unidas, 2004, p.v). Um desses índices é a alfabetização, instrumento que potencia o desenvolvimento do ser humano, através da mestria da língua na sua forma escrita.

No último ano do séc. XX, Portugal participou no Programa para a Avaliação Internacional dos Estudantes (*Programme for International Student Assessment* – PISA). O PISA põe em prática estudos internacionais comparativos sobre as competências e conhecimentos dos jovens com 15 anos de idade em três áreas distintas – literacia em leitura, literacia matemática e literacia científica. Trata-se de um programa desenvolvido no âmbito da OCDE (Organização para a Cooperação e Desenvolvimento Económico).

O objectivo do PISA é a avaliação das competências dos jovens no final da escolaridade obrigatória. Uma vez concluída a escolaridade obrigatória, qual o estado de preparação dos jovens para enfrentar os desafios do futuro? Pretende-se avaliar a sua capacidade para continuar a aprender ao longo da vida, bem como para analisar, argumentar e exprimir as suas ideias.

No ano 2000 foram avaliados 265 000 alunos com 15 anos de idade, entre os quais 4604 alunos portugueses. O domínio de eleição nesse ano foi a leitura, apesar de terem também sido avaliadas as competências relacionadas com a matemática e com as ciências. Na Figura 1 podemos observar a seriação dos países relativamente às competências de leitura. Portugal ocupa o 26.º lugar num *ranking* constituído por 32 países (28 países da OCDE e 4 países não pertencentes à OCDE).

Na avaliação realizada em 2003, os resultados do PISA relativos às competências de leitura dos jovens portugueses voltaram a situar-se francamente abaixo da média da OCDE. Ainda, a acrescentar aos resultados dos jovens, a percentagem de adultos funcionalmente analfabetos é, em Portugal, de 48%, a mais elevada entre os países de desenvolvimento humano elevado[1].

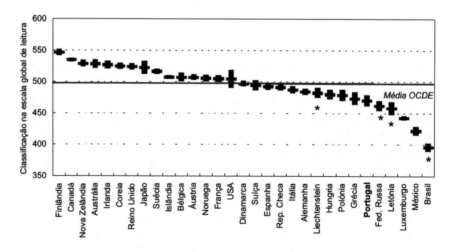

Figura 1 – Médias na escala global de leitura em 2000 (retirado de Resultados do Estudo Internacional PISA, 2001, p. 12)

---

[1] Cf. Relatório do Desenvolvimento Humano para as Nações Unidas (2004), p. 150.

Em conjunto, estes resultados revelam que há ainda, em Portugal, passos a dar ao nível do ensino da leitura e da escrita se pretendemos atingir níveis de Desenvolvimento Humano equivalentes à média dos países da OCDE.

A alfabetização é um instrumento para uma comunicação complexa. Não importa apenas que as crianças aprendam a descodificar cada letra no som correspondente, consumindo um tal esforço cognitivo no próprio acto de leitura que não sejam depois capazes de compreender a mensagem veiculada por esse meio. Mais do que a simples descodificação de uma-letra-um-som, o objectivo do ensino da leitura e da escrita é que as crianças adquiram a mestria desses processos de tal forma que o esforço a eles inerente se lhes torne praticamente nulo, assim permitindo a canalização da memória e atenção para a compreensão do texto. Se por um lado, factores externos à criança, como o nível cultural e económico da família de pertença, são importantes para o sucesso na aprendizagem da leitura e da escrita, por outro lado, os factores cognitivos são igualmente importantes. Assim, a promoção do índice de alfabetização passa pela compreensão do desenvolvimento de processos cognitivos específicos a este processo. É sobre os processos cognitivos subjacentes à aprendizagem da leitura e da escrita que se centra o presente trabalho.

Historicamente, a investigação sobre os processos de leitura fluente e da sua aprendizagem baseava-se essencialmente na língua inglesa. Na década de 80, surgiram diversos estudos provenientes de outras línguas, com características diversas da inglesa, que revelaram resultados surpreendentes: o recurso aos processos cognitivos intervenientes na leitura varia conforme as características da ortografia. Estava dado o primeiro passo para uma profunda alteração na investigação sobre os processos de aprendizagem da leitura e da escrita: os resultados provenientes da investigação com crianças falantes do inglês não eram, necessariamente, generalizáveis às crianças falantes de outras línguas.

Inúmeros estudos revelaram que, entre as crianças que aprendem a ler em ortografias alfabéticas, aquelas que aprendem a ler em inglês revelam um ritmo de aprendizagem mais lento do que as restantes. No outro pólo, as crianças que aprendem a ler em ortografias como o finlandês, castelhano ou italiano revelam um ritmo de aprendizagem mais rápido do que as restantes. Os diferentes ritmos de aprendizagem da leitura em ortografias alfabéticas têm sido explicados através das características das diferentes ortografias, mais especificamente através da consistência ortográfica. A consistência ortográfica diz respeito ao grau de transparência das ortografias, sendo que uma ortografia é tanto mais transparente quanto mais traduz a fonologia de forma consistente, e tanto mais opaca quanto mais a relação entre a ortografia e a fonologia se distancia.

Recentemente, um conjunto de investigadores europeus[2], levou a cabo uma comparação translinguística sobre a fase inicial da aprendizagem da leitura, ao abrigo de um projecto europeu denominado Acção Europeia Concertada sobre Desordens da Aprendizagem como um Obstáculo ao Desenvolvimento Humano (*European Concerted Action on Learning Disorders as a Barrier to Human Development*). No âmbito desta acção, os investigadores propuseram um *continuum* de transparência ortográfica relativamente a 13 ortografias, que podemos observar na Figura 2.

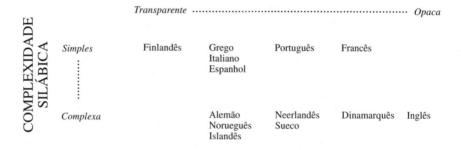

Figura 2 – *Continuum* de opacidade ortográfica para treze ortografias europeias (adaptado de Seymour, Aro e Erskine, 2003)

---

[2] Os representantes nacionais desta acção foram: A. Warnke, W. Schneider (Alemanha), H. Wimmer, T. Reinelt (Áustria), J. Alegria, J. Morais, J. Leybaert (Bélgica), C. Elbro, E. Arnbak (Dinamarca), S. Defior, F. Martos, J. Sainz, X. Angerri (Espanha), H. Lyytinen, P. Niemi (Finlândia), J. E. Gombert, M. T., Normand, L. Sprenger-Charolles, S. Valdois (França), C. Porpodas (Grécia), R. Licht, A. M. B. De Groot (Holanda), V. Csepe (Hungria), H. Ragnarsdottir (Islândia), C. Cornoldi, P. Giovanardi Rossi, C. Vio, P. Tressoldi, A. Parmeggiani (Itália), C. Firman (Malta), F. Tonnessen (Noruega), L. Cary, S. L. Castro (Portugal), P. Seymor, P. Bryant, U. Goswami (Reino Unido), S. Stromqvist, A. Olofsson (Suécia).

Introdução 17

Os resultados do estudo de Seymour, Aro e Erskine (2003), que compararam o processo inicial de aprendizagem da leitura e da escrita nas 13 ortografias, confirmaram a influência da consistência ortográfica: as crianças aprenderam a ler tanto mais rápido quanto maior a transparência da ortografia.

Atentemos à posição do português no *continuum* de opacidade ortográfica: encontra-se numa posição intermédia, pendendo mais para o pólo opaco do que para o pólo transparente (Castro e Gomes, 2000). No estudo de Seymour et al. (ibd.) a consequência da relativa opacidade do português foi de encontro à hipótese da influência da transparência ortográfica na aprendizagem da leitura. As crianças portuguesas revelaram menor rapidez na aprendizagem da leitura, comparativamente às crianças que aprendiam a ler em ortografias mais transparentes (e, claro está, o inverso também se verificou, aprendendo as crianças portuguesas num ritmo superior ao das inglesas).

Os resultados apresentados por Seymour et al. (ibd.) alertam para a importância de olhar a aprendizagem da leitura em português como um processo que acarreta um grau considerável de dificuldade. No final do 1.º ano, a maioria das crianças (correspondentes a nove das treze ortografias avaliadas) lia com sucesso palavras e pseudo-palavras isoladas (respectivamente, resultados superiores a 90% e à volta de 85%). De forma diversa, as crianças portuguesas obtiveram ca. 75% de sucessos na leitura de palavras e de pseudo-palavras.

Sabemos então que, em função do grau de transparência intermédio da ortografia, as crianças portuguesas se deparam com dificuldades acrescidas no processo de alfabetização relativamente, por exemplo, às crianças da vizinha Espanha. Mas, de forma a poder delinear a promoção e/ou remediação das competências de leitura e de escrita em português, restam ainda muitas questões por compreender. Como se desenvolvem as competências de leitura e de escrita, ao longo do primeiro ano? E após o primeiro ano de escolaridade? Qual o percurso desenvolvido ao longo do 1º ciclo do ensino básico? Quando é que as crianças abandonam o processo de leitura sequencial (e por isso moroso) em que cada letra é convertida no respectivo som? E as crianças que aprendem a ler a um ritmo mais lento do que a maioria? Quais são os défices mais expressivos entre as crianças disléxicas?

No presente livro procuramos dar resposta a estas questões, para o que organizámos o seu conteúdo em três partes. Na primeira parte, debruçámo-nos sobre a evolução da perspectiva científica em relação à leitura, desde a perspectiva da leitura global, até à perspectiva interactiva. Descrevemos primeiro os modelos cognitivos da leitura fluente, passando depois aos modelos de aprendizagem da leitura. Na segunda parte revemos os modelos explicativos da dislexia de desenvolvimento, enquadrando os défices revelados pelas crianças disléxicas no processo de aprendizagem da leitura e da escrita. Na terceira parte descrevemos o TIL – teste de idade de leitura, por nós desenvolvido e administrado a 470 crianças falantes do português europeu.

1. LEITURA E ESCRITA: MODELOS DE LEITURA HÁBIL E MODELOS DESENVOLVIMENTAIS

1.1. Evolução histórica dos modelos da arquitectura cognitiva da leitura e escrita

Podem distinguir-se dois tipos de modelos cognitivos de leitura: os modelos que consideram que na base da aquisição da leitura estão processos descendentes, e os modelos que consideram que na base dessa aquisição estão processos ascendentes. Os processos descendentes são aqueles em o processamento da informação do exterior – letras, palavras – é guiado pelo conhecimento prévio do indivíduo e pelas suas expectativas. Os processos ascendentes são aqueles em que o processamento da informação do exterior – novamente letras e palavras – é guiado pelas próprias características dos estímulos (Rayner e Pollatsek, 1989).

O modelo ascendente dominou o ensino da leitura até aos anos 60; a este modelo cognitivo correspondia a utilização da instrução fónica no ensino, i.e., o ensino das correspondências entre letras e sons, a partir do qual se esperava que a criança atingisse a mestria do princípio alfabético e se tornasse leitora fluente.

1.1.1. *O modelo descendente e o método global*

Nos anos 60, no contexto das teorias centradas no indivíduo, os teóricos da aprendizagem da leitura propõem desviar o foco do ensino daquilo que encaram como a memorização das relações entre letras e sons para uma aprendizagem "natural". Propõe-se o abandono da estratégia fónica por uma estratégia baseada na compreensão do que é lido, que seria mais motivadora para os aprendizes. Esta proposta parte de um dado empírico: a observação de leitores fluentes cuja leitura não se processa letra-a-letra, nem sequer palavra-a-palavra, mas antes pela "adivinhação"

20   *Aprender a ler e avaliar a leitura. O TIL: Teste de Idade de Leitura*

a partir do contexto semântico, que leva a crer que a leitura se basearia num processo descendente (Smith, 1971; Goodman, 1965). Por exemplo, perante a frase "Eles pegaram nos livros e foram para a ...." a criança não teria que ler a palavra "escola" porque já a teria inferido.

Os dois autores emblemáticos da corrente do método global foram Goodman (1965) e Smith (1971). Goodman (ibd.) levou a cabo um estudo de nomeação de palavras com 100 participantes, do 1.º ao 3.º ano de escolaridade, apresentando palavras sob duas condições: ou isoladamente ou em contexto de frase. Goodman verificou que as crianças liam pior as palavras apresentadas isoladamente do que as palavras inseridas em frase, e que a maioria das palavras mal lidas isoladamente era lida correctamente quando colocada em contexto. Golash (1980, em Goodman, 1993) realizou um estudo com estudantes universitários, concluindo que o processo de leitura não se detinha nas palavras, sendo antes global. O estudo consistiu em dar a ler uma frase com seis erros, tendo-se verificado que os indivíduos a leram sem se aperceberem dos erros. Estes resultados constituem a base empírica para concluir que o leitor fluente ignora algumas das palavras do texto a ler dado que as infere, não precisando de as processar – "O leitor fluente lê utilizando entre ¼ e 1/10 da informação de cada palavra." (Smith, 1965, p. 79).

Smith propôs que a actividade de leitura é equivalente à da fala, e como tal a criança deve aprender a ler de forma natural, por oposição ao ensino formal. A proposta mais expressiva deste autor é o abandono da descodificação letra-som e a sua substituição por uma leitura sem "imposições artificiais". Smith e Goodman propõem o abandono da alfabetização formal, que pode ser substituída por um esquema de ensino que passa tão só pela apresentação às crianças de material escrito motivador, de forma a catalisar o processo natural de aprendizagem da leitura. Ler histórias em voz alta e ajudar as crianças a utilizar figuras ou outras pistas contextuais para inferir a leitura de palavras são actividades típicas de uma sala de aula com ensino global. A descodificação letra-a-letra é considerada como último recurso, apenas utilizado se tudo o resto tiver falhado.

1.1.1.1. *Desafios aos fundamentos do modelo descendente*

O grande argumento empírico dos defensores do processo descendente passava pela observação da leitura parcial dos leitores fluentes. Este argumento foi desafiado por Firth (1972, em Adams, 1990) que revelou resultados no sentido da importância do conhecimento das relações entre letras e sons para a leitura e, consequentemente, abalou a tese de que as palavras poderiam ser lidas globalmente. Firth avaliou crianças que frequentavam os 1.º e 2.º anos quanto a dois indicadores: um indicador do recurso a regras de descodificação letra-som – competência para ler pseudo-palavras – e um indicador do recurso à leitura global – competência para aprender nomes de formas abstractas. Firth encontrou uma correlação entre a competência para pronunciar pseudo-palavras e a competência de leitura, acompanhada da ausência de correlação entre a competência para aprender nomes de formas abstractas e a competência de leitura, colocando assim em xeque a tese da leitura global.

Na década de 80, vários estudos de movimentos oculares demonstraram que os leitores fluentes processam a maioria das letras e das palavras durante a leitura; i.e., não ignoram palavras, antes as processam muito rapidamente em comparação com o leitor principiante. Gough replicou a experiência de Golash (em Goodman 1993), a partir da qual Goodman concluíra "o mundo real da leitura é fazer sentido da escrita, e não reconhecer palavras". Gough deu a ler a frase com seis erros a 66 estudantes universitários, seleccionando aqueles que não se aperceberam dos erros na frase. Comparou o tempo de leitura de uma versão da frase sem erros, e da versão com erros, verificando que o tempo de reacção foi maior para a versão com erros. Gough (1991) propôs que se alterasse a frase de Goodman para "o mundo real da leitura é fazer sentido da escrita **através** do reconhecimento das palavras".

Outro argumento empírico em desfavor dos processos descendentes foi dado por Perfetti et al. (1979) através da demonstração de que os leitores pobres se apoiam mais no contexto do que os bons leitores: este resultado implica que o processo de adivinhação linguística não pode ser o principal processo de leitura, já que, se fosse esse o caso, teríamos que observar uma superioridade dos bons leitores relativamente aos menos bons na utilização do processo. Ainda, Gough (1981, 1983) verificou que apenas uma em cada quatro palavras pode ser prevista a partir do contexto. Gough (1983) observou que a previsibilidade das palavras funcionais é francamente maior (40%) do que a das palavras de conteúdo (10%); ora sabemos que as palavras de conteúdo são portadoras da maior parte do significado do texto, estando na base da compreensão do contexto. E a compreensão do texto é essencial para a "adivinhação", o que faz com que a adivinhação a partir do contexto não ocorra quando é mais necessária. Share (1995) exemplifica a ausência de convicção do argumento da adivinhação contextual através do princípio da não redundância da escrita. O autor sugere que uma frase como "eles foram ao restaurante e sentaram-se à ..." não é característica da escrita. O princípio de não redundância da escrita exclui a informação óbvia, pelo que a frase seria antes "eles foram ao restaurante e sentaram-se", esperando-se que leitor infira que os sujeitos da acção se tenham sentado nas cadeiras de uma mesa.

Na década de 80 inicia-se um movimento abertamente contra a utilização do método global. Surge a teoria de dupla via, que alerta para o papel essencial das relações entre letras e sons, e volta a ser defendido o regresso ao método fónico no ensino da leitura. Não se trata contudo de um regresso às metodologias de ensino de antes dos anos 60, trata-se isso sim de uma abordagem mais lata do método fónico inserindo-o no contexto da consciência fonológica, e mais especificamente da consciência fonémica.

1.1.1.2. *Dois mecanismos de leitura*

Em meados da década de 70, Baron e Strawson (1976) propõem-se resolver o conflito leitura global *vs.* leitura por descodificação. Uma vez que a ideia de uma leitura global surgiu da observação do padrão de leitura do leitor hábil, os autores propõem avaliar os mecanismos subjacentes à leitura de palavras junto de leitores fluentes. A sua proposta consiste em confirmar ou infirmar, em definitivo, a perspectiva da "leitura global." Provar-se-ia a perspectiva da leitura global se fosse verificada a ausência de recurso a regras de conversão letra-som entre os leitores hábeis. Provar-se-ia a importância da descodificação se se verificasse que os leitores fluentes recorrem a regras de descodificação.

De acordo com os autores existem dois tipos de palavras: as palavras regulares, que seguem regras ortográficas conhecidas, e as palavras de excepção, que violam as regras da ortografia a que pertencem. A diferença entre os dois tipos de palavras reside nas correspondências grafema-fonema: as palavras regulares podem ser lidas através da conversão grafema-fonema (CGF) enquanto as palavras de excepção não podem ser lidas a partir do mesmo processo, e.g., a palavra <exemplo>, cujo segmento crítico é a letra <x>, correspondente ao som /z/; a conversão grafema-fonema dá origem a uma série de leituras possíveis (/S/, /s/, /ks/, /z/), contudo, nem todas válidas.

Da diferença em termos da natureza das palavras decorre que são necessários dois mecanismos distintos para a leitura. Os autores propuseram a existência de um mecanismo de leitura ortográfico e de um mecanismo de leitura lexical; para ler palavras regulares recorrer-se-ia ao mecanismo ortográfico, enquanto para ler palavras de excepção esse mecanismo não seria apropriado, antes se recorrendo ao mecanismo lexical. O mecanismo ortográfico faria uso das relações entre padrões de letras e sons, podendo as unidades de base ser letras isoladas ou grupos de letras. O mecanismo lexical faria uso do conhecimento específico das pronúncias de palavras ou de morfemas particulares. Os autores acrescentaram ainda um terceiro critério na caracterização das palavras: palavras familiares /conhecidas e palavras não familiares/ desconhecidas.

A avaliação, junto de estudantes universitários, dos tempos de reacção para a leitura de pseudo-palavras, palavras regulares e palavras de excepção permitiu observar um tempo de reacção menor para a leitura de palavras regulares do que para as pseudo-palavras, concluindo os autores que, perante palavras desconhecidas, o leitor fluente recorre em exclusivo a mecanismos ortográficos, enquanto perante palavras conhecidas recorre simultaneamente aos dois mecanismos, assim se justificando o tempo de reacção menor. Da mesma forma, a leitura de palavras regulares exibe tempos de reacção mais curtos do que a leitura de palavras de excepção, uma vez que enquanto para as primeiras o leitor dispõe de dois mecanismos, já para as palavras de excepção apenas conta com o mecanismo lexical. Foram apresentadas palavras com um misto de letras minúsculas e maiúsculas de modo a avaliar o efeito da destruição de grupos de letras familiares ou de propriedades da palavra críticas para o reconhecimento global. Os autores verificaram que o efeito mistura de letras foi maior para a leitura de palavras de excepção do que para as palavras regulares. Este resultado ilustra que o mecanismo lexical depende mais da configuração visual do que o mecanismo ortográfico.

Com o objectivo de avaliar a variação inter-individual no recurso aos dois tipos de mecanismo, os participantes foram divididos em dois grupos: os chamados *fenícios*, com mais competência no uso do mecanismo ortográfico do que do mecanismo lexical, e os *chineses,* com o padrão inverso. O mecanismo ortográfico foi avaliado através da leitura de pseudo-palavras e o mecanismo lexical através de uma tarefa que consistia no reconhecimento da escrita correcta de palavras anteriormente apresentadas com erros ortográficos. Cada grupo foi depois avaliado na leitura de palavras regulares e de palavras de excepção, tendo-se verificado que a diferença média dos tempos de reacção na leitura dos dois tipos de palavras era mais pronunciada para os *fenícios* do que para os

24 *Aprender a ler e avaliar a leitura. O TIL: Teste de Idade de Leitura*

chineses. Estes resultados são ilustrativos da variação, entre os leitores hábeis, da extensão do recurso a cada um dos dois mecanismos.

Este artigo com quase três décadas de existência despoletou não apenas o objectivo a que os seus autores se haviam proposto – a desacreditação da perspectiva da leitura global – como também lançou a primeira pedra de uma corrente teórica que havia de chegar aos nossos dias pelo nome de *Teoria de Dupla Via*.

1.1.1.3. *Teoria de Dupla Via*

Uma nota preliminar quanto à denominação adoptada pelos teóricos da dupla via: Baron e Strawson denominaram os mecanismos de leitura como ortográfico e lexical, sendo que o primeiro se referia à leitura com base nas relações letra-som ou grafemas-fonemas e o segundo ao reconhecimento visual. Mais recentemente, outros autores (e.g., Coltheart, 1993) introduziram uma nova denominação para o mecanismo ortográfico, apelidando-o de fonológico – termo que ilustra a conversão fonológica de cada grafema, que definiram como sendo a base do processo fonológico. O mecanismo ou via lexical manteve-se com a mesma denominação ao longo das diferentes propostas.

A teoria da dupla via propõe que a leitura hábil de palavras e pseudo--palavras em voz alta se processa por duas vias/ mecanismos distintas(os), respectivamente, a via lexical e a via não-lexical (Baron e Strawson, 1976; Coltheart, 1978; Patterson e Morton, 1985, em Coltheart, 1993; Coltheart, 1993). Trata-se de uma proposta alicerçada na ideia de mecanismos distintos na leitura defendida por Baron e Strawson (1976).

As palavras que o leitor aprendeu a ler estão representadas no léxico mental, com as respectivas representações fonológicas, podendo o indivíduo aceder a essas representações sempre que se deparar com a versão escrita de qualquer palavra armazenada no léxico. Concretamente, as palavras de excepção contêm correspondências letra-som únicas (e.g., o ditongo em <muito>) pelo que a utilização de regras genéricas de conversão escrita-som não permitem a sua leitura correcta, sendo necessário aceder às representações específicas da palavra através da via lexical.

A via lexical pode seguir dois caminhos distintos (Morton e Patterson, 1980 e Patterson e Shewell, 1987 em Coltheart, 1993): um caminho mais directo, desde o reconhecimento visual da palavra até à produção falada, e um caminho menos directo (indirecto, a partir de aqui), frequentemente apelidado como via semântica, através do qual a leitura em voz alta é recuperada por um código semântico. O caminho indirecto permite a leitura das palavras através do mecanismo de pronunciação visual-semântico. Trata-se de um mecanismo que envolve, num primeiro passo, a tradução do significado de uma palavra a partir da sua ortografia, e num segundo passo, a utilização do significado para gerar a pronunciação. A existência do caminho indirecto é evidenciada pelos erros semânticos nos casos de dislexia profunda; e.g., perante a palavra <vulcão> o indivíduo lê <tornado> (Shaywitz, 1996).

A via não lexical é também chamada via fonológica, assim intitulada em virtude de se basear num mecanismo de conversão da ortografia para a fonologia. Trata-se de um sistema sub-lexical que agrega um conjunto de regras que especifica as relações entre letras e sons. A estratégia utilizada é a conversão grafema-fonema (CGF). Esta via é utilizada para a leitura de pseudo-palavras (palavras desconhecidas do leitor) e palavras regulares: ao deparar-se com a forma escrita de uma palavra desconhecida o leitor inicia um processo de conversão de cada grafema no fonema correspondente.

Em termos experimentais, o modelo de dupla via tem sido testado através de tarefas de nomeação de palavras familiares e palavras não-familiares, sendo que na primeira categoria são incluídas palavras de excepção e na segunda pseudo-palavras. À luz da teoria de dupla via a leitura de palavras de excepção só é possível a partir da via lexical (em resultado da não aplicabilidade das CGF), enquanto a leitura de pseudo-palavras – necessariamente não-presentes no léxico mental – só pode ser realizada a partir da via fonológica, a partir da estratégia de conversão grafema-fonema. Se a via lexical está, por qualquer motivo, indisponível, o recurso à via fonológica para a leitura de uma palavra de excepção levará a erros de regularização, i.e., à leitura de acordo com as regras estritas de conversão grafema-fonema que, como já descrito, não se aplicam a estas palavras.

Um dos pilares para a defesa desta teoria é o estudo de pessoas com dificuldades de leitura, habitualmente na sequência de danos cerebrais – os casos de dislexia adquirida. Estas pessoas, que até ao acidente cerebral eram leitoras hábeis, após o acidente demonstram um de dois quadros sintomáticos: podem ler pseudo-palavras e regularizar a leitura das palavras de excepção, ou podem ler palavras mas ler as pseudo-palavras com dificuldade. Trata-se, respectivamente, de casos de dislexia de superfície e de dislexia fonológica. Os defensores do modelo de dupla via

26 *Aprender a ler e avaliar a leitura. O TIL: Teste de Idade de Leitura*

interpretam estes quadros de dislexia como provas empíricas da existência de processos cognitivos distintos para a leitura dos dois tipos de
palavras; se assim não fosse, argumentam, assistiríamos à total incapacidade de leitura, quaisquer que fossem as palavras. Explicam os dois
tipos de dislexia através da danificação selectiva de uma das vias de leitura. Na dislexia de superfície a via lexical é danificada enquanto a via
não-lexical se mantém mais ou menos intacta – existem casos de indivíduos com dislexia de superfície com a via não-lexical totalmente intacta (McCarthy e Warrington, 1986) – e na dislexia fonológica a via não
lexical é danificada, mantendo-se a via lexical relativamente intacta,
existindo casos extremos em que se observa a total danificação da via
não-lexical (Funnel, 1983).

1.1.1.4. *Para além da regularidade: a consistência ortográfica*

Como já referido, de acordo com o modelo de dupla via existem
duas vias de leitura: uma via lexical, que permite a leitura de palavras
conhecidas, e uma via fonológica, que permite a leitura de pseudo-
-palavras. Daqui decorre que a leitura de pseudo-palavras se baseia em
exclusivo na via fonológica, pelo que apenas podemos esperar "leituras
regulares".

No entanto, Glushko (1979) observou ca. 18% de leituras "de
excepção" para as pseudo-palavras, i.e., leituras não baseadas nas relações grafema-fonema, mas antes na analogia com grupos específicos de
letras incluídos em palavras de excepção. Desta observação, Glushko
concluiu que existe evidência empírica que contradiz a tese de dois
mecanismos separados para a leitura. Sugere que a leitura depende do
conhecimento das relações letra-som adquiridas no contexto da palavra,
rejeitando que seja possível adquirir o conhecimento das relações letra-
-som em abstracto, fora do contexto das palavras. Rejeita assim a existência de uma via fonológica que opere a um nível não lexical, propondo
que palavras e pseudo-palavras são lidas da mesma forma.

Propõe, então, uma perspectiva mais interactiva para a leitura em
voz alta: à medida que as letras vão sendo identificadas, um conjunto de
palavras que partilham características ortográficas (vizinhos ortográficos) é activado na memória e a leitura em voz alta surge através da
coordenação e síntese de muitas representações fonológicas parcialmente
activadas. Todas as palavras, quaisquer que sejam as suas características,

são lidas através de um único processo de activação e síntese, em vez de por um de dois mecanismos separados, ou lexical, ou o fonológico.

Glushko verificou que os tempos de reacção são mais longos para as palavras regulares com vizinhos ortográficos comuns a palavras de excepção do que para as palavras sem vizinhança ortográfica comum às palavras de excepção. Como vimos, os defensores do modelo de dupla via consideram a existência de dois tipos de palavras: conhecidas e des-conhecidas. Com base nessa distinção dicotómica, como explicar a varia-ção dos tempos de reacção na leitura de palavras regulares conhecidas?

No sentido de dar conta desta variação entre palavras regulares, Glushko introduz o conceito de consistência, mais complexo que a dicotomia palavras de excepção vs. palavras regulares. Glushko (1979) propõe que apesar de *mint* (/mint/) ser uma palavra regular de acordo com as regras de conversão grafema-fonema, a relação escrita-som é inconsistente com a do seu vizinho ortográfico *pint* (/pajnt/). Na medida em que o processamento da ortografia para a fonologia é sensível às características da vizinhança, o desempenho numa palavra regular mas inconsistente como *mint* pode ser afectado. Por exemplo, a palavra inglesa <have> (/hav6/) é uma palavra irregular (forçosamente inconsistente) enquanto <hate> (/heit/) é regular e consistente – todos os vizinhos orto-gráficos (-ate) têm a mesma pronúncia (/eit/). Já as palavras <wave> (/weiv6/) e <gave> (/geiv6/) são regulares mas inconsistentes porque fazem parte da vizinhança de <have> (/hav6/).

Mais tarde, Jared, McRae e Seidenberg (1990) sugeriram que a magnitude do efeito de consistência para uma dada palavra depende da frequência cumulativa dos *amigos* dessa palavra (palavras com escrita e pronúncia semelhantes) e dos seus *inimigos* (palavras com padrão de escrita igual mas pronúncia diferente). O efeito de regularidade também encontra suporte na perspectiva de Jared et al., uma vez que a maior parte das palavras regulares têm muitos amigos e quase nenhuns inimi-gos e o inverso acontece para as irregulares.

Os defensores da dupla via apresentam o efeito de regularidade (tempo de reacção menor para a leitura de palavras regulares do para as palavras de excepção) como prova da existência de dois mecanismos subjacentes à leitura. Glushko sugere uma explicação alternativa, pro-pondo que, se como defende, o processo de leitura consistir na utilização de regras probabilísticas grafema-fonema para padrões particulares de letras, e a pronúncia for decidida por activação da vizinhança, então o tempo de reacção mais longo para as palavras de excepção está justi-

28   *Aprender a ler e avaliar a leitura. O TIL: Teste de Idade de Leitura*

ficado. A tradução fonológica não seria realizada por regras abstractas (não-lexicais) grafema-fonema, mas antes pela activação do conhecimento de relações letra-som com base nas palavras armazenadas no léxico. Explica o efeito de regularidade recorrendo à influência recíproca das vizinhanças fonológica e ortográfica. Na leitura de palavras regulares consistentes os vizinhos ortográficos activados são coincidentes com aqueles activados ao nível fonológico e *vice-versa*. Esta convergência concentra a activação num número reduzido de unidades pelo que a síntese é rápida. Para as palavras de excepção e palavras que partilham conjuntos de letras com as de excepção (regulares inconsistentes) a semelhança fonológica e ortográfica não são paralelas. A inconsistência dissipa a activação por um vasto conjunto de entradas lexicais e a leitura em voz alta demora mais a surgir.

1.1.1.5. *A hipótese da transparência ortográfica*

O princípio alfabético em termos estritos consiste em fazer corresponder de maneira bi-unívoca um som a uma letra. Uma vez que existem fonemas isolados que correspondem a mais do que uma letra (e.g., os fonemas vocálicos nasais), os linguistas introduziram o conceito de grafema, com correspondência directa com o fonema. Voltando a reflectir sobre o princípio alfabético, podemos torná-lo um pouco menos restritivo se dissermos que consiste em fazer corresponder de maneira bi--unívoca um fonema a um dado grafema. Trata-se de um princípio que subjaz a todas as línguas europeias (e a outras não-europeias) mas é um princípio ideal, na medida em que todas as línguas reflectem algum grau de afastamento à relação bi-unívoca grafema-fonema. O grau de afastamento do princípio alfabético dita a classificação das ortografias como mais opacas ou mais transparentes, no sentido em que o princípio alfabético está (respectivamente) mais camuflado, como em inglês, ou menos camuflado como é o caso do castelhano, italiano e serbo-croata. A inconsistência provém do facto de a mesma letra se pronunciar de formas diferentes, assim se estabelecendo uma relação de uma letra para vários fonemas, por exemplo a letra <x> corresponde ao fonema /z/ em <exame> mas em <explicar> corresponde ao fonema /S/, podendo ainda corresponder aos fonemas /ks/ na palavra <táxi>.

Na década de 80, Katz e Frost (1983) e Frost, Katz e Bentin (1987) alertaram para o papel da transparência ortográfica nos processos de leitura fluente. Trata-se de uma proposta enquadrada na defesa do modelo de dupla via, que sugere que o grau de transparência ortográfica tem um papel importante no recurso preferencial a uma ou outra via de leitura.

Katz e Frost (1983) e Frost, Katz e Bentin (1987) propuseram a hipótese da transparência ortográfica (*orthographic depth hypothesis*) que sugere que os leitores adaptam o recurso às vias lexical e fonológica conforme as exigências da ortografia. Numa ortografia consistente os leitores basear-se-iam sobretudo na via fonológica, uma vez que a correspondência letra-som é essencialmente directa e inequívoca. Pelo contrário, numa ortografia inconsistente os leitores basear-se-iam menos na via fonológica e mais na via lexical devido à menor consistência das correspondências entre letras e sons. De acordo com Katz e Frost (1992) o processamento da leitura numa ortografia transparente exige "a reunião da fonologia das letras que compõem a palavra" (p. 71, Katz e Frost, 1992) enquanto o processamento da leitura numa ortografia opaca exige o armazenamento lexical visuo-ortográfico.

Ziegler et al. (1996) propuseram uma análise estatística do grau de transparência de três ortografias europeias: francês, inglês e alemão. Os autores analisaram o grau de consistência bidireccional em palavras monossilábicas. A inconsistência foi definida ao nível da rima ortográfica e fonológica; no sentido da leitura, uma palavra era considerada inconsistente quando a rima ortográfica podia ser lida de mais do que uma forma; no sentido da escrita, as palavras eram consideradas inconsistentes quando a rima fonológica podia ser escrita de mais do que uma forma. No sentido da leitura, os autores verificaram que o inglês era mais inconsistente do que o alemão e o francês (respectivamente, 13%, 6% e 5%). Verificaram que a inconsistência era mais elevada no sentido da escrita do que no sentido da leitura para todas as ortografias, com especial relevância para o francês (50% para o francês, 28% para o inglês e 26% para o alemão).

A mesma análise foi replicada por Gomes (2001) para o *corpus* de monossílabos portugueses no Porlex (n=501). Os resultados obtidos por Gomes revelaram que, tanto no sentido da leitura como no sentido da escrita, o português era mais consistente do que qualquer das ortografias analisadas por Ziegler (96% de rimas consistentes no sentido da leitura e 85% no sentido da escrita). Trata-se de um resultado que contradiz todos os resultados de estudos comparativos da aprendizagem da leitura, que revelam que a ortografia portuguesa ocupa um lugar intermédio no *continum* de complexidade (e.g., Seymour et al., 2003; Defior et al.,

30   *Aprender a ler e avaliar a leitura. O TIL: Teste de Idade de Leitura*

2002). Gomes alerta para o facto de esta análise ser "meramente indicativa pois o número de palavras analisadas difere substancialmente entre o Português Europeu e as outras línguas" (p. 340, Gomes, ibd.). De facto, a discrepância entre a extensão do *corpus* de monossílabos em português e nas restantes ortografias, corresponde, no mínimo, a um *corpus* três vezes menor em português. Em línguas como o português o cálculo da transparência ortográfica tem que passar por outro sub-conjunto de palavras que não as monossilábicas, que representam menos de 1% das palavras portuguesas (Gomes, ibd.). É importante enfatizar o facto de, mesmo em francês, incluído na comparação de Ziegler et al (ibd.), a percentagem de monossílabos representar apenas ca. 7% do léxico (Content et al., 1990), o que pode ter enviesado os dados comparativos da análise (Sprenger-Charolles, 2003).

1.1.2. *Os modelos cognitivos da arquitectura da leitura baseados na computação*

A Psicologia Cognitiva engloba, historicamente, dois tipos de modelos cognitivos para aceder à arquitectura funcional da cognição. O primeiro tipo envolve modelos do tipo caixa e seta (*box and arrow*), e o segundo, mais recente, envolve modelos baseados na computação, que se distinguem dos anteriores por serem interactivos.

Os primeiros modelos, de que o modelo de dupla via é paradigmático, são fortemente influenciados por exemplos de disfunções cognitivas e procuram caracterizar quais os tipos de informação qualitativamente diferentes que foram afectados em determinados indivíduos. Geralmente trata-se de modelos construídos com base numa lógica de dissociação e dupla dissociação – observações de indivíduos que têm a função *a* mas não a função *b*, ou *vice versa*. Trata-se de modelos não quantitativos e que, apesar de procurarem caracterizar o processamento normal, derivam de observações do processamento disfuncional.

Recentemente, surgiu uma nova corrente de modelos, a que se chamou conexionistas. Estes modelos têm a sua origem em tentativas de projectar computadores por analogia ao cérebro humano, tendo por base a "inspiração neuronal" (Christiansen e Chater, 1999). *Grosso modo*, o funcionamento do cérebro baseia-se num grande número de neurónios densamente inter-ligados (em inglês *interconnected* e daí o termo conexionismo) numa rede complexa. As unidades (correspondentes aos neurónios) operam simultânea e cooperativamente para processar a informação, transmitindo valores numéricos em vez de mensagens simbólicas, podendo assim ser vistos como transformando entradas numéricas (de outros neurónios) em saídas numéricas (transmitidas a outros neurónios). As redes neuronais desenvolvidas pelos conexionistas inspiram-se nas propriedades de funcionamento do cérebro, consistindo num grande número de processadores, chamados unidades, densamente interrelacionados numa rede complexa, e que operam simultaneamente e cooperativamente. As unidades transmitem valores numéricos, assumindo-se que a unidade saída é função das entradas. De notar contudo que as redes conexionistas não são modelos realistas do cérebro, nem ao nível do processamento das unidades individuais, uma vez que simplificam e falsificam muitas das características reais dos neurónios, nem em termos da estrutura da rede, que tipicamente não tem qualquer relação com a arquitectura do cérebro. Os dados utilizados pelos conexionistas são essencialmente provenientes da psicologia cognitiva, linguística e neuropsicologia cognitiva, e não da neurociência.

Os modelos conexionistas, que descrevemos abaixo, produzem informação detalhada, previsões quantitativas, e são autónomos – uma vez introduzido o *input*, o modelo calcula as interacções entre os diferentes tipos de informação. O objectivo destes modelos é que a saída seja o mais próxima possível dos aspectos relevantes do comportamento humano.

Estes modelos partem do pressuposto de que a leitura consiste numa tarefa quase-regular, que consiste numa relação sistemática entre entradas e saídas que admite algumas excepções; por exemplo, em regra a conversão grafema-fonema coincide com a conversão fonema-grafema, existindo, contudo, excepções.

O estudo de Glushko (cf. infra) constitui-se como um marco da passagem dos modelos caixa e seta aos modelos computacionais, conexionistas, por introduzir o conceito de interacção no funcionamento cognitivo. Glushko propôs ainda que a leitura se processa de acordo com um único mecanismo, independentemente do tipo de palavras.

A primeira tentativa de implementação de uma rede neuronal na área do reconhecimento de palavras surgiu no final da década de 80. Seidenberg e McClelland (1989) desenvolveram um modelo de leitura baseado numa única via – de acordo com a proposta de Glushko, e em contraste com a perspectiva da dupla via que postula a existência de duas vias distintas para a leitura de palavras e pseudo-palavras. Seidenberg e McClelland (ibd.) elaboraram uma rede neuronal artificial que aprendeu a estabelecer relações entre as representações ortográficas e as representações fonológicas correspondentes, pronunciando correctamente palavras regulares e de excepção apesar de não se basear em dois mecanismos distintos. Com base nesses resultados os autores afirmaram ter demonstrado que não são necessárias duas vias para o processo de leitura bem como alertaram para o facto de pela primeira vez se ter desenvolvido um modelo computacional explícito (enquanto os teóricos da dupla via apenas haviam proposto explicações ao nível dos modelos de caixa e seta).

1.1.2.1. *Teoria de Dupla Via – Modelo em cascata*

Em resposta ao estudo de Seidenberg e McClelland (1989), Coltheart Curtis, Atkins e Haller (1993) publicaram um artigo em que criticaram as suas conclusões, e apresentaram uma adaptação do modelo de dupla via a uma simulação computacional, demonstrando que os pressupostos da dupla via conduziam a resultados mais próximos da realidade do que os do modelo de Seidenberg e McClelland, baseado numa só via.

De acordo com Coltheart et al. (1993), o modelo de Seidenberg e McClelland (ibd.) apresentava uma limitação-chave que inviabilizava a suplantação do modelo de dupla via pelo conexionista: o modelo implementado era significativamente pior na leitura de pseudo-palavras do que os leitores hábeis. Ora, a leitura deficiente de pseudo-palavras é precisamente o que se espera a partir do pressuposto do modelo de dupla via segundo o qual nenhum modelo simples pode ler simultaneamente palavras regulares e de excepção.

Coltheart et al. (ibd.) concordaram com Seidenberg e McClelland (ibd.) no sentido em que o modelo de dupla via padecia de uma grave fraqueza em termos experimentais: a impossibilidade de ser testado num modelo computacional capaz de aprendizagem. Apresentaram, na sequência desta crítica, um modelo computacional capaz de aprender a que chamaram *Dual-Route Cascade* (DRC). O nome da teoria deve-se ao facto de o modelo (1) ter vias bidireccionais entre a escrita e a fala – uma via lexical e uma via não-lexical e (2) os estádios de processamento passarem a informação "em cascata". Enquanto nas versões anteriores do modelo de dupla via se perspectivava o procedimento lexical como operando de forma discreta (por patamares), esta nova proposta perspectiva um processamento em cascata. Nas versões anteriores a via lexical era encarada como não fazendo qualquer contribuição para a leitura em voz alta de pseudo-palavras, simplesmente porque uma pseudo-palavra geraria uma saída zero a partir do sistema de reconhecimento visual de palavras. O modelo em cascata propõe que a pseudo-palavra gera, através da via lexical, alguma activação fonológica ao nível do estádio fonémico, através da activação de várias palavras visualmente semelhantes ao nível do reconhecimento visual da palavra.

Em coerência com Baron e Strawson (1976), o modelo DRC (cf. Figura 3) foi construído com base no pressuposto de que a tarefa de leitura exige duas tarefas distintas para as quais dispõe de dois mecanismos cognitivos igualmente distintos. Existe uma via que possibilita a leitura de palavras mas não de pseudo-palavras, e outra via que permite a leitura de pseudo-palavras e palavras regulares mas que falha na leitura de palavras de excepção que são incorrectamente "regularizadas".

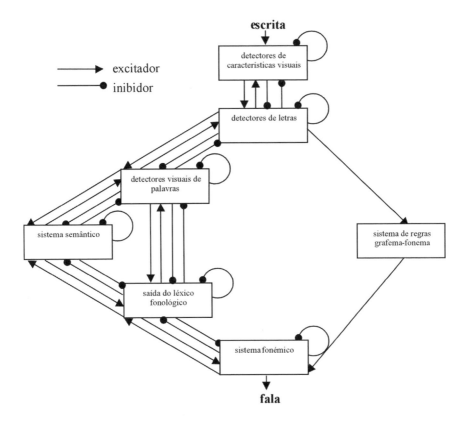

Figura 3 – Esquema do modelo de dupla via em cascata (adaptado de Coltheart, 1993, p. 598)

1.1.2.1.1. O processamento em cascata

O nível das letras é o primeiro estádio comum entre as duas vias, e esse estádio alimenta o estádio de reconhecimento visual das palavras da via lexical e a conversão grafema-fonema da via fonológica. O processamento no último estádio inclui a conversão de uma sequência de letras numa sequência de grafemas. Quando uma sequência de letras é apresentada ao model, começa a aumentar a activação nas entradas no sistema de reconhecimento visual, e estas activações aproximam-se dos valores finais com o tempo. Assim que haja qualquer activação ao nível da letra, a activação passa ao nível da palavra. No modelo DRC, cada módulo de unidade de reconhecimento visual está associado (*connected*) à entrada correspondente no módulo de produção da palavra falada. Assim, logo que haja activação ao nível do sistema de reconhecimento visual da palavra, esta é transmitida para o léxico da palavra falada, que por sua vez é transmitida para o sistema fonémico.

O modelo DRC foi capaz de aprender e aplicar regras de conversão grafema-fonema, não apenas as regras de conversão um-para-um mas também aquelas dependentes do contexto. Os autores defendem que os princípios envolvidos no treino da rede são virtualmente aplicáveis a qualquer ortografia alfabética, tendo já aplicado o algoritmo à pronúncia inglesa europeia (as pronúncias da primeira rede eram de inglês americano) e à ortografia alemã (Ziegler et al., 2000).

Os resultados da implementação computacional do modelo de dupla via permitiram dar resposta a algumas das observações empíricas relatadas por Glushko (1979, 1981) e Seidenberg e McClelland (1989).

Quanto ao efeito de regularidade (tempos de reacção maiores para as palavras de excepção do que para as palavras regulares), Coltheart et al. (ibd.) sugeriram que, perante uma palavra excepção como <pint> (/pajnt) as duas vias do modelo produzem duas saídas diferentes ao nível do fonema. As palavras de excepção geram conflito ao nível do fonema, tendo que haver conciliação entre as duas saídas, e isso implica tempo. O efeito de regularidade é então explicado pelo facto de o sistema demorar mais tempo a atingir o nível de activação crítico quando há conflito.

Quanto à interacção entre o efeito de frequência e o efeito de regularidade, é proposto que a activação da via lexical é tanto mais rápida quanto maior a frequência da palavra, uma vez que no modelo de activação interactiva o aumento de activação em qualquer unidade do sistema de reconhecimento visual da palavra depende de um parâmetro que introduz viés, que é função da consistência da palavra. Assim, de acordo com o modelo DRC quanto mais comum for uma palavra, mais rapidamente ela começa a activar os fonemas correctos no sistema fonémico. Então, para palavras familiares, a activação do sistema fonémico pela via lexical é completa antes que muita activação chegue ao sistema a partir da via não-lexical. O resultado é que o tempo de reacção das palavras de excepção não será afectado se as palavras forem muito frequentes mas apenas quando não forem frequentes.

Coltheart (ibd.) discorda que o efeito de consistência (tempos de reacção maiores para as palavras inconsistentes e leitura de pseudo-palavras por analogia com palavras de excepção) constitua prova contra o modelo de dupla via. De acordo com o DRC, a consistência de uma pseudo-palavra afecta o tempo de reacção de leitura, uma vez que são activadas as representações dos vizinhos ortográficos através da via lexical. Os autores exemplificam o processamento do DRC com a pseudo--palavra <zaid>, pseudo-palavra inconsistente, dada a existência de mais do que uma pronúncia possível (como em <said> e <paid>). De acordo com o modelo DRC a pseudo-palavra <zaid> produzirá alguma activação no sistema de reconhecimento visual (a par de alguma inibição em virtude das conexões inibitórias da letra <z> na primeira posição), provocando a excitação de unidades de letras para <a>, <i> e <d> nas segunda, terceira e quarta posições. Uma vez que todas as palavras terminadas em <–aid> receberão activação, e uma vez que o sistema opera em cascata, as activações parciais de várias unidades de palavras no sistema de reconhecimento visual têm que prosseguir para as respectivas unidades faladas no léxico e a activação tem depois que prosseguir para as unidades fonémicas correspondentes à pronúncia das entradas que foram activadas no sistema fonémico. Assim, é gerada alguma activação ao nível do fonema pela via lexical ainda que o estímulo não seja uma palavra e o tempo de reacção é aumentado em função da inconsistência da pseudo-palavra.

1.1.2.2. *Modelo conexionista*

Em resposta ao artigo de Coltheart et al. (1993), Plaut, McCleland, Seidenberg e Patterson (1996) desenvolveram um modelo conexionista no sentido de suplantar as limitações do modelo de Seidenberg e

McCleland (1989), e assim fornecer evidência empírica a favor do modelo conexionista de via única em lugar do modelo de dupla via.

Plaut et al. (1996) treinaram uma rede neuronal adoptando conjuntos de letras como entradas, à semelhança da opção de Coltheart et al. (1993) com o modelo DRC. Depois de treinada, a rede de Plaut et al. (ibd.) aprendeu a ler palavras regulares e de excepção (incluindo palavras de excepção com frequência baixa) e foi também capaz de ler pseudo-palavras com ortografia consistente e inconsistente, com resultados comparáveis aos dos leitores hábeis. Finalmente, uma possibilidade consistente com o modelo de dupla via era que, ao longo da aprendizagem, a rede se auto dividisse em duas sub-redes: uma que lia palavras com ortografia regular e outra que lia palavras com ortografia irregular. Os autores testaram essa possibilidade, tendo verificado que a rede não se auto dividiu.

Em suma, quer os adeptos do modelo de dupla via (Coltheart et al., 1993; Ziegler et al., 2000; Coltheart et al. 2001), quer os adeptos do modelo da via única (Plaut et al., 1996) defendem ter simulado a aprendizagem da leitura com resultados comparáveis aos humanos. A investigação prossegue, e por ora, coexistem os pressupostos teóricos de um e outro modelo.

1.1.2.3. *A proposta de Adams*

Terminamos a secção reservada às teorias conexionistas com a descrição do modelo de Marylin Adams (1990).

Na Figura 4 apresentamos um diagrama representando o modelo interactivo do processo de leitura de Adams (1990), que se baseia nas teorias conexionistas, no sentido em que no seu modelo a informação é tratada ao mesmo tempo a vários níveis.

Leitura e Escrita: Modelos de Leitura Hábil e Modelos Desenvolvimentais 37

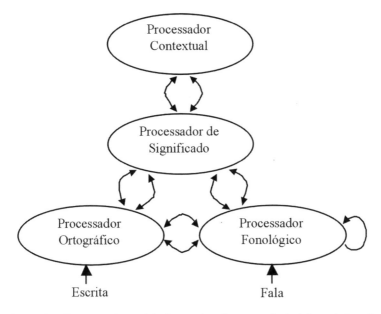

Figura 4 – Esquema do modelo interactivo do processo de leitura (adaptado de Adams, 1990, p. 158)

Atentando à Figura 4, podemos observar três níveis diferentes de processamento, sendo que a ligação nos dois sentidos entre os processadores fonológico, ortográfico e significado assegura a coordenação entre os três processadores. Cada um dos três processadores trabalha ao mesmo tempo para o mesmo objectivo, assegurando que cada processador facilita os esforços dos outros.

Muito brevemente, uma descrição do modelo proposto por esta autora. As setas entre os processadores ortográfico e fonológico têm dois sentidos: a seta no sentido ortográfico para fonológico indica que à medida que um conjunto de letras vai sendo processado, é enviada estimulação excitatória para as unidades fonológicas correspondentes. Se o conjunto de letras é pronunciável, o processador fonológico enviará estimulação excitatória de volta para o processador ortográfico. O processador fonológico também está relacionado bidireccionalmente com o processador de significado, o que permite que a activação do significado de uma palavra resulte na excitação das unidades fonológicas correspondentes à sua pronunciação. Da mesma forma, a activação da pronunciação excita automaticamente o seu significado.

Um exemplo do funcionamento em paralelo dos quatro processadores é a leitura de uma frase manuscrita em que algumas palavras foram escritas com letra dificilmente decifrável, como na Figura 5.

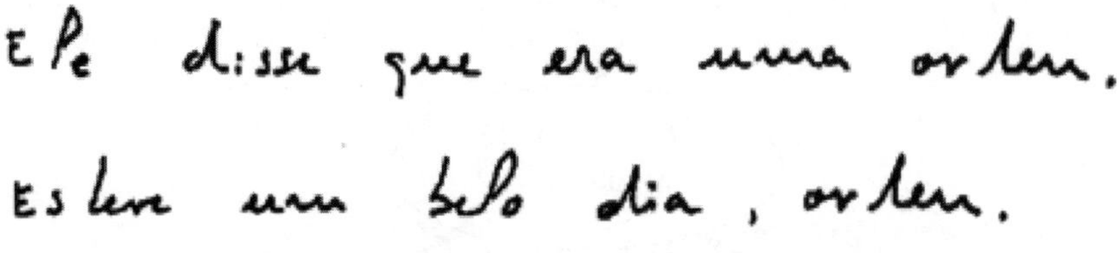

Figura 5 – Exemplo do funcionamento em paralelo dos processadores contextual, significado, ortográfico e fonológico

A excitação proveniente do processador de contexto reforça a resposta relevante do processador de significado, permitindo a esse processador que domine apesar da informação ortograficamente vaga. Pode acontecer até que as palavras pareçam mais legíveis em contexto; se assim for é porque o processador de significado envia sinais excitatórios para as unidades relevantes no processador ortográfico quer directamente, quer indirectamente, através do processador fonológico. De facto, porque as respostas fonológicas estão estreitamente associadas à escrita, a excitação proveniente do processador fonológico pode até aumentar a aparente legibilidade de padrões de escrita que não são familiares ao processador ortográfico.

1.2. Evolução das teorias de aprendizagem da leitura e escrita

As teorias até agora descritas dizem respeito aos mecanismos cognitivos na base da leitura fluente. Centremo-nos agora nas teorias que contribuíram para a compreensão da aquisição da leitura. De modo geral, podemos dividi-las em dois grupos, que coincidem com dois momentos históricos diferentes. As primeiras teorias baseiam-se no modelo de dupla via, no pressuposto de que existe um mecanismo não-lexical: pressupõe-se que a aquisição das conversões grafema-fonema é a tarefa primária de que decorre a leitura fluente. Mais tarde surgiram as teorias que, não retirando preponderância às relações grafema-fonema, consideram que a sua aquisição acontece no contexto lexical. As primeiras designam-se vulgarmente de pré-interactivas, por contraposição às que surgiram depois, que consideram essencial a interacção entre os diferentes processadores na base da leitura. As teorias pré-interactivas propõem que a aprendizagem da leitura se processa de acordo com estádios sequenciais: propõem que o estádio de aquisição das correspondências grafema-fonema é anterior e essencial ao estádio de leitura ortográfica, que se baseia em correspondências mais latas do que as correspondências grafema-fonema. As teorias interactivas propõem a ausência de uma ordem fixa de estádios, e defendem a contribuição em paralelo das diferentes operações subjacentes à leitura, desde as simples correspondências letra-som às correspondências entre unidades supra-fonémicas. De seguida descrevemos algumas das propostas emblemáticas destas teorias.

1.2.1. Teorias de aprendizagem da leitura pré interactivas

As teorias de desenvolvimento da leitura de Gough (1972) e Gough e Hilinger (1980), Marsh et al. (1981) e Frith (1985) foram desenvolvidas sob a forma de sequências de estádios e focavam a aquisição da consciência fonémica e das relações letra-som como os processos essenciais à leitura. Previamente ao processo de aquisição do princípio alfabético, existiria, de acordo com as propostas destes autores, um processo de reconhecimento visual das palavras (*grosso modo* equivalente ao processo logográfico), após o qual a criança prosseguiria para a descodificação por via da conversão grafema-fonema (a partir de agora CGF).

1.2.1.1. A teoria de Gough

Philip Gough é um acérrimo crítico da leitura global, considerando que o processo de aprendizagem do sistema de correspondências grafema-fonema é essencial à aprendizagem da leitura.

Gough (Gough e Tunmer, 1986; Hoover e Gough, 1990, (Gough, 1991) propõe que se pode reduzir a leitura a dois elementos básicos: o conhecimento da língua falada e o conhecimento da ortografia. O autor denomina esta proposta como perspectiva simples da leitura (*simple view of reading*), que é expressa pelo produto da descodificação e da compreensão – *Leitura = Descodificação* x *Compreensão*. Cada termo da fórmula varia entre 0 – quando o indivíduo não revela a competência – e 1 – quando o indivíduo detém a competência. Assim, se uma das parcelas da multiplicação for igual a 0, a leitura terá também um valor igual a 0. Do que decorre que, de um modo geral, um bom descodificador é bom compreendedor, e um mau descodificador tende a ser um mau compreendedor. Existem dois casos de excepção: as crianças hiperléxicas, capazes de descodificar mas que incapazes de aceder à compreensão, as crianças disléxicas, capazes de compreender uma história que lhes é lida mas incapazes de a descodificar através da leitura.

Gough distinguiu dois estádios no processo de aprendizagem da leitura: inicialmente, as crianças aprendem visualmente cerca de 40 palavras, apoiando-se em traços visuais distintivos, por exemplo, nos traços verticais para a palavra <yellow> ou na cauda em <dog>. O segundo estádio constitui o passo essencial para a aprendizagem da leitura, e consiste na formação de uma cifra ortográfica (no original, *orthographic cipher*), que corresponde às relações grafema-fonema. De acordo com o autor, a base da aprendizagem da leitura é o sistema de correspondências letras-fonemas, contidas na linguagem. Gough ilustra a importância da aquisição das CGF para a leitura, explicando que o leitor principiante tem um vocabulário de ca. 5000 palavras, e cada uma dessas palavras será encontrada, na sua versão escrita, pela primeira vez. Isto faz com que durante muito tempo (provavelmente durante os três primeiros anos de escolaridade) as crianças encontrarão nos textos palavras que já são parte do seu vocabulário falado. Para as reconhecerem precisam de recorrer às correspondências grafema-fonema. Por outro lado, para que uma palavra seja reconhecida visualmente, i.e., para que seja armazenada como algo que pode ser reconhecido visualmente, é necessário que tenha sido encontrada muito frequentemente. Mas a maioria das palavras ocorre muito raramente – muitas palavras surgem uma única vez num texto. Gough sustenta que um factor crucial na aprendizagem da leitura é o próprio acto de leitura, dado que é a única forma de encontrar a maioria das palavras.

A consciência fonémica é condição *sine qua non* para a formação das CGF, no sentido em que é essencial que a criança compreenda que as palavras podem ser decompostas em fonemas, que não têm, muitas das vezes, relação directa com as letras. O autor alerta para a diferença entre consciência fonémica e método fónico: o primeiro conceito exige a decomposição de palavras em fonemas, enquanto o segundo requer que a criança estabeleça a relação entre um fonema e uma letra. Mas, nem todas as palavras são pronunciáveis em termos de uma correspondência fonema-letra como em <dog>, existindo correspondências menos directas como em <sun>. Assim, o autor propõe que a consciência foné-mica está na base da aquisição das correspondências letra/grafema-som.

A competência para ler pseudo-palavras indica a aquisição da cifra ortográfica. Comparativamente a uma criança na fase anterior de leitura, a criança que domina a cifra ortográfica apresenta um tempo de leitura mais reduzido, lê mais correctamente, revela um efeito de frequência menor, e um maior efeito de regularidade. Finalmente, a criança que adquiriu a cifra ortográfica faz substituições de palavras com base na aplicação das correspondências grafema-fonema (erros fonológicos).

1.2.1.2. *A teoria de Marsh*

Marsh et al. (1981) propõem uma teoria de aprendizagem da leitura com quatro estádios, correspondentes à utilização de quatro estratégias de aprendizagem. Fazem previsões específicas para a leitura de palavras desconhecidas e para a leitura de palavras conhecidas, isoladamente ou em contexto. Esta teoria adopta o *rational* de Piaget, propondo, por exemplo, que a criança está circunscrita à estratégia de reconhecimento da palavra inteira enquanto não atinge o estádio das operações concretas (até aos 7 anos). Ainda na linha de Piaget, Marsh propõe que a passagem de um estádio a outro ocorre em função da descoberta pelo indivíduo de que as estratégias de que dispõe não são já adequadas à leitura.

A primeira fase é denominada adivinhação linguística (*linguistic guessing*). Nesta fase a criança lê qualquer palavra desconhecida por adivinhação a partir do contexto linguístico, sem ter em atenção qualquer aspecto gráfico; consequentemente, é incapaz de ler uma palavra desco-nhecida se esta lhe for apresentada isoladamente. As estratégias disponí-veis são o reconhecimento visual e a adivinhação linguística.

A segunda fase é denominada adivinhação discriminativa (*discrimi-nation netguessing*). A criança lê uma palavra desconhecida apresentada isoladamente como uma palavra sua conhecida que é visualmente seme-lhante (as primeiras semelhanças visuais são a primeira letra). A criança lê uma palavra desconhecida no meio de um texto com base em pistas como a primeira letra bem como pistas semânticas e sintácticas. Além de dispor das estratégias anteriores, dispõe também da adivinhação baseada na semelhança visual e da adivinhação baseada em pistas visuais e lin-guísticas.

A terceira fase é a descodificação sequencial (*sequential decoding*). As exigências do meio e o desenvolvimento cognitivo impulsionam à

42 *Aprender a ler e avaliar a leitura. O TIL: Teste de Idade de Leitura*

alteração das estratégias de leitura já que (1) a criança é colocada perante a leitura de uma quantidade tal de palavras que a sua capacidade de memória não pode continuar a dar resposta e (2) a passagem ao estádio das operações concretas permite à criança estar atenta ao som da palavra e ao seu significado bem como processar uma série de letras, associando-as aos sons sequencialmente. A criança é capaz de ler uma palavra desconhecida desde que ela tenha uma estrutura silábica simples. A acrescentar às estratégias disponíveis anteriormente, surge neste estádio a estratégia de descodificação da esquerda para a direita.

O último estádio proposto por Marsh é o estádio da descodificação hierárquica (*hierarchical decoding*). Neste estádio a criança é capaz de ler uma palavra tendo em atenção regras condicionais como a de que o "s" intervocálico se lê /z/, e o não-intervocálico se lê /s/. Marsh propõe que este estádio só é atingido a meio da idade escolar já que são necessários progressos cognitivos como a inclusão de classes. São adquiridas estratégias essenciais à leitura fluente como a descodificação com recurso a regras complexas e a leitura por analogia.

1.2.1.3. *A teoria de Frith*

Frith (1985) sugere uma adaptação da teoria de Marsh, adaptação essa que dá conta não apenas da aprendizagem da leitura mas também da aprendizagem da escrita.

Em vez de quatro, Frith propõe a existência de três estratégias: logográfica (engloba os processos dos primeiros dois estádios de Marsh), alfabética (engloba os processos do terceiro estádio de Marsh) e ortográfica (em vez da estratégia de analogia proposta por Marsh). Frith sugere que o último estádio proposto por Marsh (descodificação hierárquica) pode ser considerado ortográfico ou uma forma avançada da estratégia alfabética.

Frith propõe que as estratégias são sucessivas, pela ordem indicada; cada estratégia é assumida como capitalizando as anteriores. Previamente à primeira fase, existe aquilo que denomina fase zero da leitura – a aquisição de competências de pré-literacia; considera que as primeiras tentativas de leitura e escrita não implicam suficiente consciência linguística para poderem ser chamadas de competências logográficas, sendo melhor descritas como competências simbólicas. A criança adquire, durante esta fase, algum conhecimento de termos metalinguísticos como "frase" e "palavra". Só depois de adquirir mestria na fase de pré-literacia é que está pronta para passar à fase logográfica.

A fase logográfica pode ser pensada como capitalizando as competências de memória básicas que a criança traz consigo quando aprende a ler; esta estratégia domina o início da leitura e é responsável pela criação de um vocabulário visual razoável. A fase alfabética inclui a aquisição de regras de conversão de sons e letras, inicialmente através de regras simples e depois por regras sensíveis ao contexto. Na fase ortográfica as conversões grafema-fonema estão automatizadas e associadas ao conhecimento da ortografia de unidades salientes da escrita como os morfemas.

Cada uma das três fases subdivide-se em dois passos, de acordo com as duas variáveis específicas a ter em conta em termos do desempenho na literacia: entrada e saída correspondentes, respectivamente, ao reconhecimento de palavras (leitura) e à produção de palavras (escrita). Frith propõe que "o desenvolvimento normal da leitura e da escrita evolui em ritmos diferentes". Esta hipótese resulta num modelo de aquisição que em vez de três, inclui seis fases, em cada uma das fases existindo um primeiro passo que envolve divergência entre as estratégias utilizadas para a leitura e escrita, e um segundo passo que envolve convergência. A leitura seria o *pacemaker* para a estratégia logográfica, a escrita para a estratégia alfabética e a leitura, mais uma vez, para a ortográfica (cf. Quadro 1).

Quadro 1 – Modelo de seis passos da aquisição de competências de leitura e escrita (adaptado de Frith, 1985, p. 311). A primeira aquisição de cada estratégia está assinalada a negrito

Passo	Leitura	Escrita
1a	**Logográfica**	(simbólica)
1b	Logográfica	Logográfica
2a	Logográfica	**Alfabética**
2b	Alfabética	Alfabética
3a	**Ortográfica**	Alfabética
3b	Ortográfica	Ortográfica

No estádio logográfico as representações internas das palavras basear-se-iam em características visuais salientes como o <ÃO> em <JOÃO> ou o <!> em <PUM!> Os erros de leitura baseiam-se na dependência excessiva do contexto visual; e.g., perante a palavra <ANÃO> a criança lê <JOÃO>, perante <ATUM!> lê <PUM!> Nesta fase a leitura depende mais do contexto do que de características da forma escrita; a criança não é ainda capaz de escrever. Uma criança na fase logográfica não é capaz de reconhecer palavras dentro de outras palavras (e.g., ARO, AROMA, ROMA, ROMÃ, em AROMÁTICO); o reconhecimento de algumas destas palavras, algumas muito familiares, não acontece, neste estádio, a não ser que se tapem as restantes letras. Uma vez que, nesta fase, a criança não respeita a ordem das letras, o processo envolvido em reconhecer, dentro da palavra <aromático>, as palavras <aro> e <tiro> é o mesmo, apesar de <aro> existir em termos de sequência de letras, enquanto <tiro> não respeita a sequência de letras, nem o sentido esquerda-direita da leitura.

O treino da escrita tem um papel crucial (mais do que a leitura) para o desenvolvimento da estratégia alfabética. No início da fase alfabética a leitura é logográfica enquanto a escrita é alfabética – esta assincronia foi evidenciada pelos resultados de Bryant e Bradley (1980), que revelaram que leitores principiantes eram por vezes capazes de escrever uma palavra mas incapazes de a ler. A ideia é que é possível escrever uma palavra regular, com base em correspondências letra-som, contudo a leitura da mesma palavra seria possível apenas se a palavra estivesse estabelecida no sistema logográfico. Inicialmente, fonemas individuais seriam convertidos em grafemas individuais que seriam depois unidos (CAPO para CAMPO, GIA para GUIA); numa fase mais avançada desta estratégia seriam utilizadas regras sensíveis ao contexto e em consequência desapareceriam erros como GIA em vez de GUIA. Tipicamente, na fase alfabética, os erros reflectiriam a fonologia (CAÇA poderia ser escrito como CASSA).

Na fase inicial da estratégia ortográfica existe de novo uma assincronia entre a leitura e a escrita, na medida em que a leitura se baseia num processo ortográfico completo, enquanto a escrita se baseia ainda na estratégia alfabética. A estratégia ortográfica tem em comum com a estratégia logográfica o reconhecimento visual da palavra mas difere da logográfica por se basear na segmentação em unidades letra-a-letra, bem como pelo respeito pela ordem das letras. Adoptando o exemplo dado acima, enquanto na fase logográfica a criança reconheceria com igual probabilidade as palavras <aro> e <amor> em <aromático>, em contraste, na fase ortográfica, a criança reconhece <aro> muito mais rapidamente do que reconhece <tiro>. Além disso, há proeminência das unidades morfologicamente salientes, por exemplo, perante a palavra AROMÁTICO a criança seria mais rápida a reconhecer AROMA do que ROMA e ARO.

Ao nível da escrita, unidades segmentadas instantaneamente são associadas a unidades representadas internamente, de tal forma que uma palavra pouco conhecida será escrita utilizando componentes de palavras familiares (EISPOR para EXPOR). Como resultado o escritor hábil pode escrever palavras inexistentes por analogia com palavras existentes, independentemente de existir um padrão regular ou irregular. Tipicamente os erros ortográficos reflectem morfemas (VOLTÁRÃO, se a criança optar pelo sufixo – ÃO, em vez de – AM, partindo da palavra VOLTAR).

1.2.2. Teorias Interactivas

Na década de 80, paralelamente à reacção contra o método global, surgem os modelos interactivos que sugerem que a leitura engloba, simultaneamente, processos de baixo-para-cima, pelo tratamento da informação vinda do exterior, e de cima-para-baixo, pelo tratamento da informação a partir de estruturas superiores – ortografia, semântica, sintaxe.

Todas estas teorias partilham a convicção de um papel essencial da consciência fonológica na aprendizagem da leitura. Os autores dividemse contudo, na ênfase dada à(s) unidade(s) linguística(s) considerada(s) preditore(s) do desempenho no processo de aprendizagem da leitura. Uma corrente defende a primazia do fonema, enquanto a outra defende a primazia das unidades intra-silábicas (ataque e rima), que seriam mediadoras do papel da consciência fonémica para o processo de aquisição da leitura. Os defensores da primazia das unidades intra-silábicas propõem um esquema de ensino da leitura que siga o mesmo desenvolvimento linguístico do ser humano, iniciando-se pelas unidades linguísticas a que a criança tem acesso (rima) e daí progredindo para unidades cada vez mais pequenas até chegar ao fonema. Os defensores da corrente fonémica propõem um esquema de ensino da leitura com ênfase nas associações letra-som, por forma a explicitar o princípio alfabético.

Dividiremos as teorias interactivas da aprendizagem da leitura em consonância com os pressupostos ao nível do papel das unidades linguísticas para a aquisição da leitura. Mas façamos, antes, um breve parêntesis para clarificar as possibilidades de divisão da cadeia de fala.

1.2.2.1.1. Cadeia de fala

Na Figura 6 podemos observar um diagrama com as diversas possibilidades de divisão da cadeia de fala.

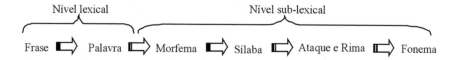

Figura 6 – Possibilidades de divisão da cadeia de fala

As unidades linguísticas podem ser divididas em dois grandes grupos: lexicais e sub-lexicais, sendo o primeiro grupo constituído pelas palavras e o segundo pelos constituintes internos das palavras.

As frases podem ser divididas em palavras, que por sua vez podem ser decompostas em morfemas (as unidades de significado mais pequenas da língua) ou em sílabas, que podem ser decompostos nos constituintes intra-silábicos ataque e rima, que finalmente podem ser divididos em fonemas. Esclareçamos a distinção de dois conceitos: rima enquanto unidade linguística (*rime*) e rima entre duas palavras (*rhyme*). Uma vez que, em português, a mesma palavra representa dois conceitos distintos, e dada a importância de não os confundir, adoptaremos a designação *ocorrência de rima* sempre que quisermos referir-nos à rima entre duas palavras. Deste modo distinguimos a sensibilidade à ocorrência de rima (<mira-tira>) da sensibilidade à unidade linguística rima (na palavra <mira> existem duas rimas: <mi-ra>). Na literatura em inglês, em virtude de se tratarem em conjunto as unidades ataque e rima, a expressão *onset-rime* foi adoptada como um único substantivo (onset-rime awareness). Em português optámos por nos referir à consciência do ataque e rima, assim mantendo a individualidade de cada uma das duas unidades.

O fonema é a unidade mais pequena de som da língua capaz de introduzir alterações de significado; trata-se de uma entidade abstracta, que não é ouvida de forma discreta pelos seres humanos, desde logo pela contaminação em função do processo de co-articulação, que consiste na adaptação dos traços articulatórios de cada fonema em função dos adjacentes (e.g., Castro, 1993). Assim, o espectro de /p/ é distinto, conforme seguido do som /A/ ou /i/; a forma encontrada pelos seres humanos para tornar o universo de sons perceptível foi a sua categorização. O fonema corresponde assim a uma família de sons cuja função é assinalar uma diferença de significado; trata-se de um conceito associado a cada língua; e.g., <lar> e <par> diferem em termos de significado revelando que /l/ e /p/ são fonemas portugueses, mesmo que os sons de /l/ em <lar> e <mal> difiram um do outro. O conceito de fone é mais genérico, e independente das diferentes línguas: trata-se do elemento mais pequeno constitutivo da cadeia falada, discriminável perceptivamente.

Fim de parêntesis. Voltemos à descrição das teorias interactivas da aprendizagem da leitura, dividindo-as em consonância com os pressupostos ao nível do papel das unidades linguísticas para a aquisição da leitura.

1.2.2.2. *Primazia das unidades linguísticas grandes*

Goswami e Bryant (1990) e Goswami (1993) sugerem que as competências de reconhecimento do ataque e rima têm um papel importante na forma como a criança inicia a tarefa de relacionar a escrita com a fala. Os autores defendem que, previamente à alfabetização, a criança tem consciência do ataque e rima (consciência que é facilitada por canções e lengalengas). Quando aprendem a ler utilizam essa consciência e reconhecem que palavras com a mesma rima são escritas com as mesmas letras. Esta descoberta permite à criança fazer analogias de leitura para palavras que desconhece. À medida que vai sendo exposta ao princípio alfabético, a criança vai tomando consciência do fonema, e adopta então as estratégias de CGF na leitura. Esta proposta tem implicações em relação às teorias clássicas de desenvolvimento da leitura de Marsh et al. (1981) e Frith (1985).

Sinteticamente, Marsh e Frith propõem que na fase inicial de aprendizagem da leitura a criança não dispõe, ainda, de conhecimento fonológico explícito, pelo que recorre, para a leitura de palavras, a pistas semânticas (fase de adivinhação grosseira de Marsh), ou a pistas visuais (fase de adivinhação sofisticada de Marsh e logográfica de Frith) como defendido também por Gough (leitura visual). As exigências em termos de quantidade de palavras a ler e a aquisição do princípio alfabético permitirão à criança passar à fase seguinte, em que dispõe já de uma forma mais sofisticada de leitura, baseada nas relações grafema-fonema. Na fase alfabética a criança "descodifica" cada grafema no som correspondente, e, através da junção dos fonemas, tem acesso à palavra. Este é contudo um processo lento, que, uma vez dominado o processo de leitura, será apenas utilizado para sequências não conhecidas de grafemas. Assim, no último estádio – ortográfico – a criança conta com o reconhecimento directo de um elevado número de palavras, a partir do acesso ao léxico ortográfico, construído durante a fase anterior, a partir da mestria das relações grafema-fonema.

Ao contrário da proposta de sequência de Marsh (1981) e Frith (1985), Goswami e Bryant (1990) sugerem que a CGF surge depois, e não antes, das unidades ortográficas. De acordo com estes autores, a criança começa a aprender a ler através do estabelecimento de unidades de reconhecimento ortográfico que têm suporte fonológico. Inicialmente, o suporte fonológico está ao nível das unidades ataque e rima (Wimmer e Goswami, 1994), e baseia-se directamente no conhecimento fonológico da fase pré-escolar (Goswami e Bryant, 1990). À medida que a leitura se desenvolve, o suporte fonológico vai-se tornando mais sofisticado, até chegar ao suporte fonémico que suplementa a codificação ataque-rima original. Goswami e Bryant (1990, 1993) propõem que desde o início da leitura a criança tem consciência das unidades ataque-rima e faz uso dessa consciência associando as unidades ataque-rima a conjuntos de letras, o que a auxilia na leitura de palavras desconhecidas que partilham essas unidades. I.e., a criança procede, desde o início da aprendizagem da leitura, à categorização de palavras com ataques e rimas em comum, apercebendo-se rapidamente que muitas das palavras dentro da mesma categoria têm um padrão de escrita comum.

Gombert (2003) sustenta também que a aprendizagem da leitura é influenciada pelo conhecimento fonológico da criança. Este autor propõe que através da comparação das formas escritas e orais das palavras, são relacionadas as regularidades ortográficas e as regularidades fonológicas. Neste colocar em relação é o processador mais antigo – fonológico – que impõe a sua estrutura, sendo as configurações ortográficas correspondentes às unidades fonológicas mais pregnantes (sílabas e rimas) que serão notadas pelo sistema. Esta perspectiva está, segundo Gombert, apoiada por alguns estudos que demonstram a utilização precoce de analogias na leitura, em particular no caso de rimas comuns entre palavras conhecidas e palavras a conhecer (Gombert, Bryant & Warrick, 1997). Para ler em voz alta palavras desconhecidas na sua forma escrita, a criança utiliza os conhecimentos que tem relativos à pronúncia das configurações ortográficas que compõem a palavra com base nas palavras que conhece – e.g., uma criança que leia <mão>, será capaz de ler <pão>, utilizando por um lado a analogia ortográfica da rima e por outro a sua capacidade para reconhecer a rima fonológica nas duas palavras.

Gombert defende que, inicialmente, as analogias são lexicais (i.e., supõem a identificação de palavras); mas como as regularidades acontecem para unidades mais pequenas do que a palavra inteira, torna-se importante a instalação de uma possibilidade para que o sistema coloque directamente em relação o processador logográfico (que Gombert denomina pictórico) e fonológico, sem passar pelo semântico. Desta forma elabora-se o processador ortográfico – especializado em tratamento de letras – e torna-se possível pronunciar configurações ortográficas novas para o sistema. Quando a criança é confrontada com configurações ortográficas correspondentes a palavras que a conhecia já no modo oral, a activação das representações fonológicas permite a activação dos seus correspondentes semânticos e contextuais conduzindo ao aumento do léxico do leitor principiante.

1.2.2.3. *Unidades linguísticas pequenas*

O estudo de Morag Stuart e Max Coltheart (1988) fornece uma perspectiva desenvolvimental ao modelo de dupla via, sugerindo-se que a criança desenvolve paralelamente a via fonológica e a via lexical.

Stuart e Coltheart (ibd.) criticam as teorias de aprendizagem da leitura de Marsh e Frith, discordando da evolução sequencial por estádios. De acordo com os autores, a aceitarmos a ideia de um desenvolvimento sequencial por estádios, teríamos que aceitar também a existência de variação em termos do desempenho individual ao longo da aprendizagem (pelo menos para algumas crianças); se a cada estádio corresponde uma estratégia, então seria de supor que a mesma criança tivesse desempenhos diferentes em diferentes estádios. De facto, os resultados do estudo longitudinal conduzido pelos autores com crianças inglesas no período pré-escolar e nos primeiros anos de alfabetização vão no sentido contrário: a correlação elevada entre a idade de leitura em diferentes datas sugere que as crianças que iniciam a aprendizagem como boas leitoras se mantêm assim e *vice-versa*. Os autores sugerem então que a competência de consciência fonológica no início da escolaridade é crucial para o desenvolvimento subsequente.

A aprendizagem da leitura tem por base, de acordo com Stuart e Coltheart, a consciência fonológica e o conhecimento das relações entre letras e sons. Stuart e Coltheart (ibd.) verificaram que as crianças não aprendem todas as relações letra-som com a mesma facilidade. As primeiras letras a ser aprendidas são as que representam consoantes fortes (oclusivas, africativas e fricativas) – os fonemas inicial e final de uma palavra com três fonemas /bat/ são os fonemas fortes, presentes nas fronteiras silábicas, cujas relações a criança tende a aprender primeiro. Em seguida, são aprendidas as nasais, líquidas e glides e só depois as vogais. Os autores propõem que esta observação tem implicações importantes já que, se a criança desenvolve gradualmente uma consciência fonológica do conjunto de fonemas da língua a partir da sua experiência com formas fonológicas de palavras, então precisa de estar consciente de alguns fonemas antes de poder aprender as características fonémicas que cada letra representa. Do que decorre que o estádio de consciência fonológica, juntamente com o conhecimento das relações entre letras e sons na fase pré-escolar, formam um factor preditor da leitura.

A criança com competência fonológica e conhecimento das relações letra-som assume, no acto da leitura, regularidades que nem sempre acontecem: com base em <face> a criança assume uma análise fonológica /f...s.../ e as unidades ortográficas correspondentes <f...s...>. Ao encontrar a palavra escrita haverá um desencontro entre o que está escrito e a sua unidade de reconhecimento <f...s...>. Este desencontro pode permitir à criança obter informação acerca de padrões de escrita que de outra forma não seriam notados. Os autores sugerem que os padrões de escrita são aprendidos em contexto, condição essencial para a correcta aplicação de pelo menos alguns padrões – os autores dão o exemplo do som /i/ em inglês, que é representado por <ea> e <ee> sem qualquer regra subjacente. A criança é boa leitora e escritora, graças à capacidade de completar rapidamente unidades de reconhecimento para as palavras escritas, que estão na base da via lexical na leitura.

Stuart e Coltheart (ibd.) propõem que a criança com competência fonológica e conhecimento das relações letra-som na fase pré-escolar, inicia a aprendizagem da leitura já com um quadro de unidades de reconhecimento visual (ainda que parcial e incompleto) para algumas palavras faladas, se não para todas. Apontam os resultados da experiência de Ehri e Wilce (1985) como base empírica para esta hipótese: Ehri e Wilce (1985) relataram que perante tarefas de escrita os participantes com conhecimento das letras e de um pequeno grupo de palavras se lembravam mais da primeira e da última letras com vantagem significativa para a primeira. Stuart e Coltheart, à semelhança de Ehri, propõem que no início da aprendizagem da leitura a tarefa essencial é a de preencher os espaços vazios das suas unidades de reconhecimento ortográfico, pelo que se espera uma aprendizagem muito rápida. Perante a leitura de palavras isoladas o desempenho do leitor principiante com conhecimento das relações letra-som deve estar próximo do de uma criança com leitura fonológica, i.e., os erros devem incorporar a primeira e/ou última letras, que já existiam no seu sistema de unidades de reconhecimento visual. Por outras palavras, entre as crianças no pré-escolar com conhecimento das relações letras-som e com competências fonológicas não encontraremos estádio logográfico, já que passam directamente à utilização das CGF.

1.2.2.4. *O modelo de Ehri*

Em apoio da existência de duas etapas qualitativamente distintas, Gough apresentou resultados de leitura de maus leitores e médios. Verificou que os erros dos maus leitores eram "não-fonológicos", i.e., não havia indício de qualquer tentativa de descodificação de letras em sons. Pelo contrário, os bons leitores apresentavam erros fonológicos (manutenção de algumas correspondências letra-som com a palavra alvo). Perante os resultados apresentados por Gough, Ehri (1985, 1992) notou que alguns dos erros dos maus leitores aparentavam correspondências letra-som, apesar de apenas para as letras inicial e final, pelo que os erros não poderiam ser classificados como absolutamente não-fonológicos (como defendido por Gough). Na sequência da "re-análise" dos erros dos leitores pobres de Gough, Ehri avaliou a leitura de leitores principiantes e concluiu pela quase ausência de criança capazes de ler sem conhecimento de letras, i.e., verificou uma correlação elevada entre o conhecimento das letras e a leitura.

Ehri propôs que o leitor principiante, com algum conhecimento das relações letra-som, usaria esse conhecimento para se lembrar de como ler palavras, por exemplo, para ler <milk>, poderia recorrer a <m...k>. A experiência decisiva que comprovou a existência de uma diferença qualitativa entre o pré-leitor e o leitor em termos dos processos em que se baseiam para proceder à leitura é relatada por Ehri e Wilce (1985). Os autores desenvolveram uma experiência com dois grupos de crianças: 1) pré-leitores, com escasso conhecimento de letras e ausência de conhecimento de palavras escritas, e 2) leitores principiantes, com conhecimento de todas as letras e de algumas palavras. Os dois grupos foram ensinados a ler duas formas simbólicas de escrita de palavras reais: escrita visualmente saliente mas sem correspondências entre letras e sons (e.g.: <wBc> para <giraffe>) e escrita baseada na relação simplificada entre letras e sons (e.g., <JRF> para <giraffe>). Os autores verificaram que enquanto os pré-leitores retinham com mais facilidade a forma visual do que a fonética, os leitores principiantes demonstraram mais facilidade com a forma fonética.

Ehri (1992) defende que a diferença fundamental entre pré-leitores e leitores principiantes reside na utilização de informação fonémica pelos últimos no confronto com palavras escritas, propondo uma via visual-fonológica para a leitura. Na sequência dos resultados desta experiência, é proposta uma fase intermédia adicional à teoria de Gough, que ele próprio actualiza a partir das críticas de Ehri. Haveria leitura visual (*visual code reading*), depois a leitura fonética (*phonetic cue reading*) e finalmente a leitura fluente.

Ehri (1992) propõe um modelo de aquisição da leitura em quatro fases, cada fase correspondendo a um modo particular de compreensão e utilização do sistema alfabético. Existe intersecção entre as várias fases, não sendo necessária a mestria de uma fase para que se proceda à passagem à fase seguinte. De seguida procedemos a uma breve descrição de cada fase.

A fase pré-alfabética (*pre-alphabetic phase*), equivalente à fase logográfica de Frith, caracteriza o período em que os leitores têm pouca informação do princípio alfabético, pelo que o reconhecimento das palavras se baseia em pistas visuais não-alfabéticas através da memorização de traços visuais ou da adivinhação a partir do contexto. Os dois indicadores desta fase são a ausência de conhecimento das letras e a ausência de consciência fonémica.

A fase alfabética parcial (*partial alphabetic phase*) representa um conhecimento rudimentar do sistema alfabético: o leitor conhece algumas letras (em geral o seu nome) e pode utilizar esse conhecimento para proceder à memorização da leitura das palavras, a partir de pistas incompletas de relações letra-som, surgindo erros de leitura fonológicos: uma palavra é confundida com outra com algumas letras em comum (e.g., <house> em vez de <horse>). A criança adquire a mestria do sentido de leitura da esquerda para a direita. Denota-se já alguma consciência fonémica, sendo as crianças capazes de segmentar os sons iniciais e finais de uma palavra, apesar de terem dificuldade em distinguir os sons em encontros consonânticos. Nesta fase a criança não é capaz de proceder à leitura por descodificação ou por analogia. A primeira está vedada a esta fase dada a ausência de consciência da vogal; a segunda porque a memorização das formas ortográficas das palavras não é feita com detalhe suficiente (apenas memorizadas algumas letras em cada palavra). Assim, a criança toma por equivalentes padrões de escrita semelhantes – daqui se compreende o erro comum que consiste na leitura de <house> em vez de <horse>, já que existe partilha de algumas letras.

A fase alfabética completa (*full alphabetic phase*) – equivalente à fase alfabética de Frith e à última fase proposta por Gough e Hillinger – é apelidada dessa forma uma vez que o leitor conta com um vasto conhecimento do sistema grafo-fonémico, incluindo as vogais, podendo usar este conhecimento por forma a analisar as relações entre grafemas e fonemas dentro de uma palavra. A consciência fonémica é plena pois a criança já detém conhecimento não só das consoantes como também das vogais. O leitor pode assim ler palavras novas e armazenar com total detalhe a forma visual das palavras, o que lhe perimirá ler por analogia. Esta fase exige consciência fonémica e instrução fónica.

Finalmente a fase alfabética consolidada (*consolidated alphabetic phase*), equivalente à fase ortográfica de Frith, representa o conhecimento de unidades maiores do que o grafema ou o fonema, como a sílaba e a rima. A mais valia do conhecimento de unidades ortográficas maiores do que o grafema consiste na redução do tempo de leitura e à maior facilidade de armazenamento de palavras longas. Se o leitor está atento a unidades maiores do que o grafema, haverá, necessariamente, uma diminuição do número de unidades analisadas por palavra e assim é reduzido o tempo de leitura. Um aumento da exactidão também acontece em função de a palavra ser analisada a dois níveis: ligações das unidades supra-fonémicas e fonémicas, pelo que raramente há confusão com outras palavras de ortografia semelhante. Ainda, o leitor adquire, nesta fase, conhecimento das regularidades contextuais.

1.2.3. *Aprendizagem da leitura: processo logográfico primeiro e descodificação depois?*

As teorias pré-interactivas enfatizavam a aquisição da competência de descodificação como uma etapa essencial da aquisição da leitura. Os estudos sobre a aprendizagem da leitura, na maioria de origem inglesa, revelavam que a aquisição da competência de descodificação se constituía como uma etapa particularmente difícil para os aprendizes da leitura, que se baseariam antes no reconhecimento logográfico. Apesar de ser proposto, nas teorias de Marsh et al. (1981) e Gough (1991), que a estratégia logográfica é abandonada quando o leitor já não é capaz de discriminar entre o número crescente de palavras no seu léxico ortográfico, este factor não explica, por si só, a mudança para a estratégia fonológica. A simples exposição a estímulos escritos não induz a descoberta do princípio alfabético; é a instrução explícita das relações letra-som, juntamente com a consciência fonémica, que é responsável pela utilização de estratégias de CGF (Ehri e Sweet, 1991; Seymour e Elder, 1986; Stuart e Coltheart, 1988, Share, 1995).

Nas teorias de Gough (1991), Frith (1985) e Marsh (1981) o reconhecimento visual é proposto como a primeira etapa na aprendizagem da leitura. Outros autores defendem que essa competência não é específica da leitura mas antes dos requisitos da leitura, no sentido em que a leitura logográfica ajuda o pré-leitor a estabelecer alguns conceitos da escrita (Stuart e Coltheart, 1988, Ehri e Wilce, 1985). Se por um lado se sabe que as crianças nesta fase reconhecem palavras muito frequentes, como as expostas nos cartazes de publicidade, e assim são capazes de reconhecer a palavra PEPSI, sabe-se também que a alteração de uma letra (e.g., XEPSI em vez de PEPSI) não é percebida pela criança, que continuará a afirmar reconhecer a palavra PEPSI (Masonheimer, Drum e Ehri, 1984). O que leva autores como Share (1995, 1999) a sugerir que o reconhecimento visual das palavras não é equivalente à leitura, desde logo pela ausência de correlação entre as competências logográficas e as competências de leitura, bem como pela elevada probabilidade de erros de leitura a partir das competências logográficas.

Na década de 80 surgiram estudos trans-linguísticos sobre a aprendizagem da leitura em diferentes ortografias, permitindo avaliar a universalidade das teorias de aprendizagem da leitura. Os resultados desses estudos sugerem que a hipótese da transparência ortográfica (Katz e Frost, 1983; Frost, Katz e Bentin, 1987) é aplicável não apenas à leitura fluente mas também às fases de aquisição da leitura, no sentido em que, de acordo com a transparência da ortografia em que aprendem a ler, as crianças revelam diferentes percursos de desenvolvimento. De especial importância é o facto de os aprendizes da leitura em ortografias mais transparentes do que o inglês revelarem uma rápida aquisição da competência de descodificação, assim deixando entrever que, ao contrário das crianças falantes do inglês, esta competência não se constitui como particularmente difícil. Desde meados da década de 80 até ao momento presente, um conjunto de estudos que compararam a competência de descodificação (através de tarefas de leitura de pseudo-palavras) entre crianças falantes do inglês e crianças provenientes de ortografias mais transparentes têm revelado uma grande discrepância entre o ritmo de aquisição dessa competência.

Em meados da década de 80, Oney e Goldman (1984) compararam o desempenho na leitura de pseudo-palavras entre crianças americanas e turcas nos 1.º e 3.º anos. No 1.º ano as crianças turcas obtiveram maior sucesso do que as crianças americanas (94% vs. 59%); no 3.º ano ambos os grupos atingiram resultados de tecto mas os tempos de reacção das crianças turcas eram menores do que os das crianças inglesas. Estes resultados alertaram para a influência da transparência ortográfica no desenvolvimento da competência de descodificação.

Dez anos após o estudo de Oney e Goldman (ibd.), Wimmer e Goswami (1994) compararam o desempenho de crianças falantes do inglês (ortografia opaca) e do alemão (ortografia transparente), numa experiência cujo desenho experimental viria a ser adoptado para a comparação de diversas ortografias europeias até aos dias de hoje. Os autores criaram três tarefas – identificação de algarismos, leitura do nome de números e leitura de pseudo-palavras (derivadas dos nomes de números) – com o objectivo de comparar as competências de leitura dos dois grupos de crianças: enquanto a leitura de palavras é passível de ser realizada quer por recurso ao processo de descodificação, quer ao reconhecimento directo, a leitura das pseudo-palavras só pode ser realizada através do processo de descodificação; finalmente, a identificação de dígitos exige a recuperação da fonologia a partir de símbolos visuais, servindo como medida de controlo de eventuais diferenças alheias à leitura. Os autores verificaram ausência de diferenças relativamente à identificação em voz alta de algarismos e à leitura dos nomes de números. A diferença entre os dois grupos surgiu para a tarefa de leitura de pseudo-palavras, em que as crianças falantes da língua alemã obtiveram resultados superiores às inglesas. Ainda, enquanto as crianças inglesas revelavam um desempenho melhor na leitura de palavras do que na leitura de pseudo-palavras, as crianças falantes de alemão obtiveram igual desempenho em ambas as tarefas. Os resultados foram interpretados como prova de que a transparência ortográfica influencia os processos de leitura. O facto de as crianças inglesas terem obtido resultados piores do que as alemãs na leitura de pseudo-palavras e resultados equivalentes na leitura de palavras foi explicados pelos autores pelo facto de estas crianças recorreram a uma estratégia de leitura lexical (via reconhecimento visual directo, sem mediação fonológica), enquanto as crianças falantes de alemão utilizaram uma estratégia de leitura fonológica (descodificação grafema-fonema). Em suma, crianças que aprendiam a ler numa ortografia transparente revelaram maior competência de descodificação do que crianças com a mesma idade mas que aprendiam a ler numa ortografia opaca.

As diferenças em termos de competência de descodificação na fase inicial da leitura entre crianças alemãs e inglesas foram confirmadas por outros estudos – Landerl e Wimmer (2000), Frith et al. (1998) e Landerl et al. (1997).

Goswami desenvolveu, na sequência dos resultados do estudo realizado com Wimmer (Wimmer e Goswami, 1994), comparações com outras ortografias mais transparentes do que o inglês, confirmando que a opacidade da ortografia inglesa afecta negativamente o desenvolvimento da competência de descodificação. Goswami, Porpodas e Wheelwright (1997) compararam o desempenho na leitura de pseudo-palavras entre crianças inglesas e gregas, verificando que as crianças gregas tinham melhor desempenho do que as inglesas até aos 9 anos de idade. Numa com-paração entre crianças inglesas, francesas e espanholas, Goswami, Gombert e de Barrera (1998) confirmaram a influência da transparência ortográfica no desenvolvimento da competência de descodificação.

Numa replicação da metodologia do estudo de Wimmer e Goswami (ibd.), Defior, Martos e Cary (2002) compararam o desempenho de crianças espanholas e portuguesas, no sentido de avaliar se, em função da diferença em termos de consistência ortográfica entre as duas ortografias (a ortografia espanhola é mais transparente do que o portuguesa), as crianças espanholas revelariam um desempenho superior ao das portuguesas. Verificaram que as crianças espanholas obtiveram melhores resultados nas tarefas de leitura de palavras e de pseudo-palavras do que as portuguesas, resultado interpretado como reflexo da influência positiva da consistência da ortografia no ritmo de desenvolvimento da leitura.

Aro e Wimmer (2003) replicaram também a metodologia de Wimmer e Goswami (ibd.) e alargaram o âmbito da comparação entre ortografias avaliando o desempenho de crianças inglesas com crianças provenientes de seis ortografias mais transparentes – francês, finlandês, neerlandês, castelhano, sueco e alemão. No final do 1.º ano todas as crianças excepto as inglesas liam correctamente ca. 85% das pseudo-palavras, enquanto as inglesas liam apenas 50%, só atingindo 85% no 4.º ano de escolaridade.

Os autores concluíram que a competência de descodificação é facilmente adquirida em todas as ortografias alfabéticas envolvidas no estudo, com excepção da inglesa. Com base neste resultado, sugerem que se repense a tese de que a descodificação é uma competência difícil de adquirir, sugerindo que essa dificuldade é específica da ortografia inglesa.

1.2.3.1. *A teoria de auto-ensino*

A aquisição da leitura processa-se, de acordo com David Share (1995, 1999), com base num mecanismo de auto-ensino (*self teaching*), a partir da descodificação das letras nos sons correspondentes, processo que o autor apelida de recodificação (*recoding*), ou mediação fonológica. A recodificação fonológica funciona como um mecanismo de auto ensino permitindo ao aprendiz da leitura a aquisição de representações ortográficas detalhadas, necessárias ao reconhecimento rápido e autónomo das palavras. Vejamos: a recodificação consiste, como o nome indica, em voltar a codificar, permitindo o processo de actualização da informação ortográfica, à medida que a criança é confrontada com a leitura de sequências de letras e sons; assim, de cada vez que a criança descodifica uma palavra nova, cria uma oportunidade para adquirir informação ortográfica específica para essa palavra.

Na fase inicial de aprendizagem, o processo de recodificação é difícil e lento, como revelado pelos erros de regularização e pelo efeito de extensão – a leitura de palavras ou de pseudo-palavras exige tanto mais tempo de leitura quanto mais letras existem no item a ler, efeito que deixa de se verificar no leitor hábil (na leitura de palavras frequentes). O auto-ensino inicial depende de três factores: conhecimento das relações entre letras e sons, consciência fonémica e capacidade para utilizar a informação contextual para determinar a pronúncia exacta a partir de descodificações parciais. As competências iniciais de descodificação baseaim-se em correspondências um-para-um, relativamente insensíveis ao contexto ortográfico e morfémico. O processo de recodificação tem êxito num elevado número de casos, particularmente entre as palavras de ortografia regular, no sentido em que existe correspondência entre a forma como se escrevem e como se pronunciam. Por esse motivo se considera que o efeito de regularidade (melhor desempenho na leitura de palavras regulares do que das palavras irregulares) é um indicador do recurso ao processo de mediação fonológica. Share propõe a hipótese de lexicalização (*lexicalization hypothesis*): crianças que iniciam a aquisição da leitura lêem melhor e mais rapidamente itens que apenas exigem conhecimento de letras ou dígrafos sem influência do contexto. Sugere ainda que a vantagem das palavras consistentes relativamente às inconsistentes se pode explicar pela aplicação indevida das correspondências simples um-para-um. A atenuação do efeito de complexidade ortográfica pode ser tomada como apoiando a hipótese de lexicalização. O corolário do declínio dos efeitos de regularidade é a influência crescente da vizinhança ortográfica. À medida que o léxico ortográfico se expande para englobar um número cada vez maior de itens e uma rede mais rica de conexões entre esses itens, a influência de itens ortograficamente relacionados torna-se evidente nos efeitos crescentes de consistência e repostas baseadas em analogias.

Contrariamente às propostas pré-interactivas (Frith, 1985; Marsh et al., 1981; Gough e Walsh, 1991), Share (ibd.) sustenta que a formação do léxico se inicia desde muito cedo no processo de aprendizagem da leitura, antes mesmo que o processo de recodificação/ mediação fonológica esteja dominado e enquanto as correspondências grafema-fonema estão ainda em vias de constituição. Share (ibd.) propõe que, do ponto de vista da aquisição de mestria na competência de reconhecimento das palavras, as competências logográficas devem ser perspectivadas como competências de pré-leitura.

Outros autores, além de Share, têm investigado o papel da mediação fonológica na aquisição da leitura e da escrita, tendo verificado que, em ortografias alfabéticas mais transparentes do que o inglês, a mediação fonológica exerce uma influência precoce e sistemática no processo de aprendizagem da leitura e da escrita (Sprenger-Charolles e Casallis, 1995; Sprenger-Charolles e Siegel, 1997; Sprenger-Charolles, Siegel e Bechennec, 1998; Sprenger-Charolles e Bonnet, 1996). A conclusão mais significativa dos estudos sobre a mediação fonológica relaciona-se com o impacto da mediação fonológica a longo termo. Ao contrário daquilo que seria a nossa expectativa intuitiva, prevendo que o papel da mediação fonológica se limitaria à fase inicial da aprendizagem da leitura e da escrita, os dados de diversos estudos revelam que a mediação fonológica se constitui como um bom preditor do desempenho na leitura e escrita de palavras irregulares (Byrne et al., 1992; Gough e Walsh, 1991). Os dados da investigação revelam ainda que, mesmo em ortografias transparentes, nas quais o recurso ao processo de mediação fonológica poderia perpetuar-se, existem indícios da formação precoce do léxico (Cuetos, 1993).

1.2.4. *A arquitectura da aprendizagem da leitura segundo Seymour*

A teoria de Seymour (1997, 1999) pretende abarcar, ao mesmo tempo, a arquitectura da leitura e da escrita, e os estádios de desenvolvimento desde o estádio de não-leitor até ao estádio de leitor fluente. Esta teoria engloba quatro fases: a fase de pré-literacia, a fase alicerce (*foundation level*), a fase ortográfica (*orthographic level*) e a fase morfográfica (*morphographic level*). Cada fase é caracterizada pelo recurso a determinados processos cognitivos e em paralelo com o desenvolvimento da consciência fonológica.

Seymour (ibd.) e Duncan (Duncan et al.,1997; Duncan, 2000) e Seymour e Duncan (2001) propuseram a existência de uma interacção bidireccional entre a ortografia e a fonologia. De acordo com a proposta dos autores, a leitura desenvolve-se a partir das representações implícitas da linguagem, enquanto, ao mesmo tempo, exige a criação de representações explícitas das unidades que se vão tornando importantes em diferentes momentos do processo de aquisição da leitura. Nesse sentido, Seymour e Duncan (ibd.) estabeleceram a relação entre as fases de leitura e as unidades linguísticas ao nível da consciência fonológica explícita: no estádio alicerce a criança desenvolve a consciência do fonema, enquanto nas fases seguintes se desenvolveria a consciência de unidades maiores como a rima, a sílaba e os morfemas. Na Figura 7 descrevemos o modelo de aprendizagem de leitura de Seymour, integrando a interacção bidireccional entre ortografia e fonologia.

A fase de pré-literacia refere-se ao estádio em que as crianças ainda não iniciaram a aprendizagem da leitura, pelo que o único sistema disponível é a consciência linguística. Seymour propõe, na linha de Gombert (1990), que a organização da linguagem nesta fase se opera ao nível epilinguístico. Os estudos desenvolvidos por Seymour e Duncan demonstraram que as crianças inglesas não alfabetizadas não são capazes de desempenhar tarefas ao nível metalinguístico seja qual for a unidade linguística (Seymour e Evans, 1994; Duncan e Seymour, 2000). Estes resultados não são contudo generalizáveis a todas as línguas, uma vez que em línguas com predominância de sílabas simples (pouca incidência de encontros consonânticos) e abertas, como o francês, português e grego, as crianças revelam consciência ao nível metalinguístico da unidade sílaba (Colé e Magnan, 1997, em Gombert, 2003; Cary e Vale, 1997; Porpodas, 1989, 1990).

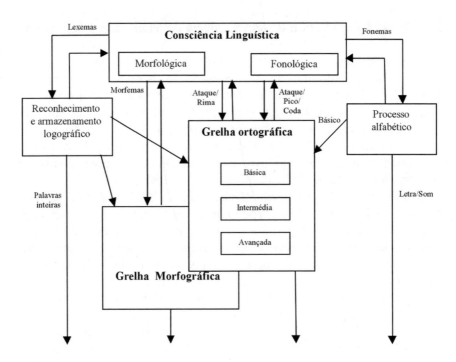

Figura 7 – Representação esquemática da literacia alicerce segundo o modelo de arquitectura cognitiva baseado em dois processos (adaptado de Seymour 1999, p. 62)[3]

A fase alicerce refere-se ao início da aprendizagem da leitura e tem por base o conhecimento das relações letra-som. No início dessa fase a adopção de correspondências entre letra e sons parece ocorrer em simultâneo com a emergência da consciência explícita dos fonemas (Duncan et al, 1997). O conhecimento das relações entre letras e sons é necessário ao desenvolvimento dos dois processos cognitivos nesta fase: o processo logográfico e o processo alfabético. Enquanto Marsh e Frith propunham um desenvolvimento sequencial dos processos logográfico e alfabético, Seymour propõe que os dois processos se desenvolvem paralelamente, ambos sendo responsáveis pelo desenvolvimento ortográfico subsequente. À semelhança das propostas de Stuart e Coltheart (1988) e Ehri (1992), Seymour sustenta que os dois processos estão relacionados interactiva-

---

[3] Adoptámos a palavra *grelha* (ortográfica e morfográfica) para traduzir *framework*, no original.

mente, sendo a informação alfabética (relações letra-som) integrada na via de reconhecimento visual.

O processo logográfico permite a identificação e armazenamento de um conjunto reduzido de palavras muito familiares, independentemente da complexidade ortográfica. Este processo é definido como uma operação de reconhecimento de palavras baseado em sequências de letras mais ou menos complexas, desde uma primeira fase em que a atenção da criança se baseia em exclusivo na primeira letra, passando depois pela centração na primeira e na última letras, até finalmente atentar também às letras em posição medial, em acordo com as propostas de Ehri (1992) e de Stuart e Coltheart (1988). O processo alfabético permite a descodificação sequencial de palavras e de pseudo-palavras com ortografia simples, através do estabelecimento de um conjunto de relações simples entre letras e sons.

Seymour e Evans (1999) desenvolveram um conjunto de provas para avaliar a fase de literacia alicerce. Os autores propõem três tarefas para a avaliação de cada componente da fase alicerce: testar o conhecimento das relações letra-som, para avaliar o conhecimento das letras; identificar palavras muito familiares, para avaliar o processo logográfico; testar a competência para ler e escrever palavras e pseudo-palavras com estrutura silábica simples (CV), para avaliar o processo alfabético.

A fase alicerce corresponde, entre as crianças inglesas, aos dois primeiros anos de escolaridade, como demonstrado pela assímptota no final de uma curva ascendente para a leitura correcta de palavras muito familiares e para a leitura e escrita de pseudo-palavras simples até à idade de leitura correspondente a 7 anos (Seymour, 1999). Os dois processos, alfabético e logográfico, dependem do conhecimento de letras. Para que a criança seja capaz de ler, é necessário atingir um patamar de ca. 80% de conhecimento de letras. Seymour sustenta que os dois processos são independentes, uma vez que foram encontradas variações inter-individuais na competência de leitura de palavras (processo logográfico) e de pseudo-palavras (processo alfabético). Assim, apesar de os dois processos se desenvolverem em paralelo, algumas crianças obtêm melhores resultados para um dos processos, e.g., maior facilidade para aprender palavras complexas mas muito familiares, ou para aprender pseudo--palavras simples mas desconhecidas. Outra prova para a individualidade de cada processo advém de um estudo realizado com crianças disléxicas, em que foram encontrados casos extremos de crianças com mais competência no processo logográfico do que no processo alfabético e outras com mais competência no processo alfabético do que no processo logográfico – trata-se, respectivamente, de casos de dislexia alfabética e logográfica (Seymour, 1997; 1999). A dislexia alfabética tem por base um padrão em que as crianças aprendem a ler palavras com relativa facilidade e demonstram grande dificuldade com as pseudo-palavras simples. A dislexia logográfica tem por base o padrão inverso – dificuldade em adquirir um vocabulário visual acompanhada de alguns progressos na aquisição das competências alfabéticas.

A relação entre a literacia alicerce e a consciência linguística expressa-se pela necessidade de consciência explícita da unidade fonema: tanto o processo logográfico como o alfabético se baseiam nesta unidade. Na sequência dos resultados de Ehri (1992), segundo os quais a aprendizagem do vocabulário visual se baseia nas correspondências grafema-fonema, Seymour propõe que o processo logográfico despoleta a consciência explícita da unidade fonémica. O processo alfabético baseia-se na construção de relações letra-som, por outras palavras, a criança adquire a noção de que cada letra simboliza um fonema, para o que a consciência fonémica explícita é também condição *sine qua non* (Duncan et al., 1997).

Seymour ressalva que o processo logográfico não é universal. Sendo certo que está presente em ortografias como o inglês – em que existem muitos casos em que a correspondência grafema-fonema é de um-para-muitos – em ortografias como o finlandês, com uma percentagem muito reduzida de CGF de um-para-muitos, a fase alicerce, em vez de baseada em dois processos, baseia-se exclusivamente no processo alfabético (Seymour et al. 2000).

Na Figura 8 apresentamos o esquema de aprendizagem de leitura baseado num único processo, proposto por Seymour para as ortografias transparentes.

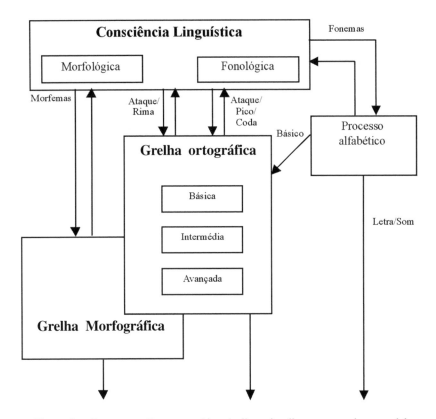

Figura 8 – Representação esquemática da literacia alicerce segundo o modelo de processo unitário de arquitectura cognitiva

O estádio ortográfico caracteriza-se pelo estabelecimento de relações complexas entre ortografia e fonologia, sendo desenvolvida uma grelha ortográfica que engloba não apenas as relações letra-som (já desenvolvidas no estádio alicerce, através do processo alfabético) mas também as relações grafema-fonema. Neste estádio inicia-se a aquisição de características menos frequentes e mais complexas da ortografia, incluindo regularidades ortográficas baseadas na unidade rima. Em termos da relação com a consciência linguística, Seymour e Duncan (2000) observaram que a consciência explícita de unidades maiores do que o fonema é desenvolvida nesta fase, obtendo a rima resultados equivalentes aos do fonema.

A essência do código alfabético consiste nas correspondências grafema-fonema contudo, além da possibilidade de recorrer ao processo de descodificação, a criança pode também recorrer à análise de unidades linguísticas maiores do que o fonema e a rima, especificamente, às sílabas e morfemas. De acordo com Seymour (ibd.) nas fases mais precoces da aquisição da leitura a criança centrar-se-ia em unidades linguísticas sub-silábicas. Só numa fase avançada da leitura e escrita, em que já domina o processo de conversão grafema-fonema, é que a criança se tornaria sensível às unidades silábicas e morfémicas. O autor recorre à teoria de Gombert (1990) para descrever a fase morfográfica, propondo que a epi-consciência morfológica e silábica (pré existente) se transforma em meta-consciência. A exigência criada pela tarefa de leitura e escrita de palavras plurissilábicas e com ortografia complexa constituir-se-ia como o motor para o desenvolvimento da meta-consciência silábica e morfológica, que são unidades ortográficas e fonológicas manipuláveis. A proposta de teoria da aquisição da leitura e da escrita de Seymour termina então no estádio morfográfico, no qual se desenvolveria uma grelha supra-ordenada representando combinações de estruturas linguísticas de diferentes níveis como as sílabas e os morfemas.

O autor sugere que as crianças provenientes de línguas com grande percentagem de polissílabos teriam progredido rapidamente nas fases anteriores e iniciariam esta fase com um inventário sólido das unidades silábicas. Pelo contrário, as crianças inglesas revelariam maior dificuldade nas fases 1 e 2 e alcançariam a fase 3 sem uma definição clara da estrutura silábica, uma vez que, em inglês, devido à prosódia e ambissilabicidade, a sílaba é pouco saliente. Enquanto em francês e português as fronteiras silábicas são claramente definidas e acessíveis a um nível explícito ainda na fase de pré-literacia, em inglês as fronteiras silábicas são difíceis de estabelecer e as crianças revelam a inexistência de consciência explícita previamente à aprendizagem da leitura. Ainda, o padrão de acentuação é fixo em línguas como o francês (todas as palavras são acentuadas na última sílaba), enquanto em inglês (e em português) o padrão de acentuação é variável.

Seymour prevê que, em línguas com prevalência de polissílabos, as crianças atinjam um grau de leitura fluente de palavras polissilábicas muito antes das inglesas. Já no que diz respeito à reorganização do léxico para acomodar a estrutura morfológica, o autor sugere que as crianças inglesas experienciarão menor dificuldade do que as crianças cuja língua tenha uma morfologia mais rica do que o inglês.

Alguns resultados da investigação revelam um papel mais precoce da morfologia na aprendizagem da leitura do que aquele proposto por

Seymour. Colé et al. (1997) verificaram que a sensibilidade à morfologia existe ainda antes da aprendizagem da leitura. Aos 5 anos, crianças não--leitoras consideraram (65% de exactidão) que pseudo-palavras com estrutura prefixo+raiz eram mais parecidas com palavras reais do que pseudo-palavras construídas com os mesmos elementos fonológicos mas com estrutura morfémica distinta (respectivamente, <**pre**fade>, que inclui um prefixo real, e <**pra**defe> que não inclui um prefixo real). Os autores verificaram ainda que a aprendizagem da leitura despoleta a consciência de algumas características morfológicas; os autores criaram uma tarefa de detecção do intruso com três palavras, uma das quais com um pseudo-prefixo (<**dé**vorer>) e as outras duas com prefixos reais (**dé**faire; **dé**monter). Enquanto as crianças no pré-escolar e no primeiro e segundo anos responderam ao nível da sorte, as crianças do 3.º ano revelaram detectar o intruso a um nível significativo. Finalmente, os autores consideram que a morfologia tem impacto no desempenho da leitura num estádio precoce da aprendizagem. Os aprendizes da leitura nos 1.º e 2.º anos lêem palavras com prefixo (**dé**coller) e pseudo-palavras constituídas com o princípio de prefixo+palavra real (**dé**cuire) do que lêem pseudo-palavras construídas com o princípio prefixo+pseudo-pala-vra (**dé**convir). Em suma, mesmo na fase inicial da leitura, a estrutura morfológica das palavras afecta o sucesso na leitura, e, ao mesmo tempo, o reconhecimento de elementos com significado numa palavra nova faci-lita o seu processamento.

Os autores sugerem que os seus resultados revelam que, durante a aprendizagem da leitura, o sistema cognitivo não ignora as regularidades grafo-morfológicas, que servem de base para o reconhecimento de pala-vras. Propõem que estas regularidades devem ser colocadas numa posi-ção diferente nos esquemas gerais de aprendizagem da leitura do que aquela do conhecimento avançado proposta por Seymour (ibd.).

Debruçámo-nos, neste capítulo, sobre o desenvolvimento "normal" no processo de aprendizagem da leitura e da escrita. Mas, e como sucede a aprendizagem da leitura entre as crianças disléxicas? Quais são os processo de pré-leitura e de início de leitura a que devemos prestar atenção no sentido de identificar as crianças com dificuldades específicas nesta área? É sobre a aprendizagem da leitura e da escrita entre as crianças disléxicas que centraremos o próximo capítulo.

2. DISLEXIA

2.1. Introdução

> "Percy F., (...), com 14 anos (...) foi sempre um rapaz inteligente (...) de forma alguma inferior aos seus pares. A sua dificuldade sempre foi – e continua a ser – a incapacidade para aprender a ler." (Morgan, W., 1896, em Shaywitz, 1996, p. 98)

O quadro sintomático da dislexia foi descrito pela primeira vez no final do séc. XIX (cf. infra). No início do séc. XX imperava a tese segundo a qual a dislexia tinha por base defeitos ao nível do sistema visual (Orton, 1925, em Snowling, 1987). Um dos sintomas então considerados críticos era a leitura em espelho de letras como <b> e <p>, bem como a leitura invertida de palavras (e.g., <saw> em vez de <was>). Os erros seriam causados por um défice ao nível da organização espacial, que afectaria a percepção e a memória visuais. Nesse sentido, foram desenvolvidos treinos oculares para "corrigir" o defeito visual na base da dislexia. Mais tarde, a investigação revelou que a inversão de letras e de palavras não era característica das pessoas com dislexia, tratando-se antes de uma ocorrência normal entre a generalidade das crianças que iniciam a aprendizagem da leitura (Vellutino et al., 1972; Vellutino et al., 1975).

Actualmente, o diagnóstico da dislexia segue, na maior parte dos países, a definição proposta pelo DSM-IV (1995), que situa a dislexia dentro das perturbações de aprendizagem. De acordo com o DSM IV a dislexia define-se como um desempenho na leitura substancialmente abaixo daquilo que seria de esperar (ao nível da exactidão, velocidade ou compreensão, conforme os resultados de medidas estandardizadas de avaliação individual) em função da idade cronológica, QI e do nível de escolaridade. Por outras palavras, a dislexia revela-se por uma discrepância entre as competências de leitura e o QI, sendo habitual que as dificuldades na leitura sejam acompanhadas por dificuldades também ao nível da escrita. Os dados sobre a prevalência da dislexia variam conforme o método de investigação adoptado e a população alvo, existindo cálculos que apontam para uma prevalência desde 4% a 15% (Stein e Walsh, 1997).

Existem dois tipos de dislexia: a dislexia desenvolvimental e a dislexia adquirida, sendo a primeira observada nas crianças que experimentam insucesso na aquisição das competências de leitura, e a segunda observada em indivíduos que, previamente a um acidente ou doença cerebral, eram alfabetizados.

O modelo de dupla via (Coltheart, 1978; Patterson e Morton, 1985 em Coltheart et al., 1993; Coltheart et al., 1993) desenvolveu-se através da análise de casos de dislexia adquirida, havendo proposto a existência de dois tipos de dislexia com base na danificação de uma das duas vias de leitura. A dislexia fonológica seria resultado da danificação da via sub-lexical (ou fonológica) e a dislexia de superfície seria resultado da danificação da via lexical. Os disléxicos fonológicos teriam uma competência equivalente aos não-disléxicos com a mesma idade na leitura de palavras (com ortografia regular e irregular) mas seriam menos competentes na leitura de pseudo-palavras. Os disléxicos de superfície revelariam resultados de leitura equivalentes aos dos indivíduos com a mesma idade (não-disléxicos) na leitura de pseudo-palavras e de palavras com ortografia regular, enquanto teriam resultados inferiores na leitura de palavras com ortografia irregular. Dois exemplos clássicos de dislexia adquirida são os de MT e WB, respectivamente com dislexia de superfície e fonológica, que passamos a descrever. McCarthy e Warrington (1986) relataram o caso de MT, com dislexia de superfície, cuja leitura de pseudo-palavras era equivalente à de qualquer leitor hábil, enquanto a leitura de palavras de excepção de frequência elevada se ficava por resultados de 47%, em gritante disparidade com os 100% de leituras correctas para palavras de igual frequência mas regulares. Um caso extremo de dislexia fonológica foi relatado por Funnel (1983), que descreveu os resultados de WB em tarefas de leitura: ca. 90% na leitura de palavras, contra uma total incapacidade de leitura de pseudo-palavras; perante uma tarefa de identificação de letras, WB era capaz de dizer os nomes das letras mas não os seus sons.

2.1.1. *Controlos de idade cronológica vs. controlos de idade de leitura*

Tradicionalmente, os resultados de leitura dos indivíduos com dislexia eram comparados com os resultados de leitura de indivíduos sem dificuldades na leitura com a mesma idade cronológica. Bryant e Impey (1986) questionaram essa metodologia, apresentando os resultados de uma comparação do desempenho na leitura entre um grupo de disléxicos e um grupo de crianças não-disléxicas com a mesma idade de leitura que os disléxicos.

Os autores compararam os resultados de leitura disléxicos fonológicos (relatados por Temple e Marshal, 1983) e de disléxicos de superfície (relatados por Coltheart et al., 1983) com os resultados de leitura obtidos por um conjunto de crianças de 10 anos de idade com a mesma idade de leitura que os disléxicos (para o reconhecimento de palavras). Verificaram que muitas das características observadas nos dois grupos de disléxicos podiam ser igualmente observadas no grupo controlo, por vezes até com maior incidência, como os erros de regularização e de substituição na leitura de palavras. Na leitura de pseudo-palavras, contudo, os autores verificaram que nenhuma criança entre o grupo de controlo obteve resultados tão baixos quanto os dos disléxicos. Bryant e Impey (ibd.) interpretaram estes resultados como uma indicação da diferença qualitativa entre os dois tipos de défice. Enquanto o défice fonológico (incapacidade relativa na leitura de pseudo-palavras) representaria um desvio relativamente ao desenvolvimento normal na leitura, o défice lexical (dos disléxicos de superfície) reflectiria um desenvolvimento na leitura com atraso mas dentro do padrão normal de leitura.

Os resultados de Bryant e Impey (ibd.) foram questionados por Coltheart (1987), que defende que a comparação dos resultados de pessoas disléxicas deve ser realizada com controlos cronológicos e não com controlos de leitura. O autor sustentava que a comparação com base na idade de leitura introduziria um viés de subjectividade no sentido em que a escolha dos critérios a utilizar no controlo do nível de leitura poderia exercer influência nas conclusões teóricas a retirar. No caso concreto do estudo de Bryant e Impey (ibd.), a comparação da idade de leitura com base na leitura de palavras (que não coincide, forçosamente com o desempenho com pseudo-palavras) levaria, de acordo com Coltheart (ibd.), ao enviesamento em favor da descoberta de disléxicos fonológicos.

Em suma, de acordo com o modelo de dupla-via, o perfil de dislexia deve ser traçado por comparação com controlos cronológicos e existem

70 *Aprender a ler e avaliar a leitura. O TIL: Teste de Idade de Leitura*

dois défices possíveis na base da dislexia: fonológico e lexical. Um défice fonológico traduzir-se-ia ao nível da aquisição do princípio alfabético, pelo que os disléxicos fonológicos leriam com dificuldade palavras de baixa frequência e pseudo-palavras – cuja leitura exige um procedimento sequencial de transformação de unidades grafémicas em unidades fonológicas. Um défice lexical traduzir-se-ia ao nível da memorização das representações ortográficas, pelo que os disléxicos de superfície não obteriam qualquer vantagem da leitura repetida de palavras frequentes, revelando uma competência reduzida na leitura de palavras com ortografia irregular. De acordo com Bryant e Impey (ibd.), o perfil de dislexia deve ser traçado por comparação com controlos de idade de leitura e é proposto que na base da dislexia existe um único défice, que se situa ao nível do processamento fonológico.

O nosso objecto de estudo prende-se, especificamente, com a compreensão da dislexia de desenvolvimento. A persistência dos défices de leitura ao longo do tempo foi ilustrada por Stanovich (1986) com o *efeito Mathew*: o rico tende a tornar-se mais rico e o pobre tende a tornar-se mais pobre. De facto, a investigação sobre a aquisição da leitura tem revelado que aquelas crianças cuja competência de leitura no 1.º ano é pobre, continuarão, em regra, com um nível de leitura abaixo da média em anos subsequentes (Stanovich, 1986; Francis et al., 1996, em Torgesen, 1998). Torgesen (1998), num artigo intitulado "Catch them before they fall", afirma que "a melhor solução para o problema do insucesso na leitura é reunir meios para a identificação e prevenção precoces" e apresenta algumas das consequências empiricamente reveladas do défice na fase inicial da aprendizagem da leitura. A criança que falha na fase inicial de aprendizagem da leitura desenvolve consequências negativas relativamente à leitura, vendo reduzidas as oportunidades de aumento de vocabulário, e perdendo oportunidades de desenvolvimento das estratégias de compreensão da leitura.

Centremo-nos então na perspectiva da dupla-via e na perspectiva do défice exclusivamente fonológico para a dislexia de desenvolvimento.

2.2. Modelo de dupla via e dislexia

2.2.1. *Dois perfis na dislexia de desenvolvimento?*

(Os disléxicos de superfície) "deveriam ter um desempenho abaixo do normal na leitura de palavra de excepção e um desempenho normal na leitura de pseudo-palavras. ... (Os disléxicos fonológicos) deveriam ter grande dificuldade na aquisição das regras de conversão grafema--fonema e paralelamente adquirir um léxico ortográfico a um ritmo normal" (p. 597, Coltheart et al., 1993).

Os defensores do modelo de dupla via sustentam que esse modelo é não apenas aplicável à dislexia adquirida mas também aos diferentes tipos de dislexia de desenvolvimento (Coltheart, 1983). É proposto que a criança que inicia a aprendizagem da leitura precisa de adquirir diferentes módulos de cada via de leitura – sistema de identificação das letras, sistema de reconhecimento visual das palavras, sistema de conversão grafema-fonema – pertencendo cada módulo a uma das duas vias (lexical ou não-lexical). Se a aprendizagem decorre dentro da norma, é porque o ritmo de aquisição dos módulos de processamento decorre normalmente. A dislexia acontece nos casos em que a aprendizagem não decorre normalmente, podendo surgir dificuldades selectivas na aquisição de determinados módulos – essas dificuldades selectivas correspondem aos diferentes subtipos de dislexia de desenvolvimento. Mais especificamente, algumas crianças demonstram uma dificuldade na aprendizagem que afecta selectivamente a aquisição do sistema de conversão grafema--fonema – dislexia fonológica de desenvolvimento (Temple e Marshal, 1983); outras crianças apresentam uma dificuldade selectiva na aquisição do procedimento lexical para a leitura – dislexia de superfície de desenvolvimento (Coltheart, Masterson, Byng, Prior, e Riddoch, 1983).

Castles e Coltheart (1993) reuniram evidência empírica de suporte à aplicabilidade do modelo de dupla via à dislexia de desenvolvimento. Os autores avaliaram a leitura de palavras com ortografia regular e irregular e de pseudo-palavras em dois grupos de crianças: 53 crianças disléxicas e 54 crianças com leitura normal com a mesma idade cronológica (controlos cronológicos). Os resultados revelaram 10 casos de dislexia de superfície, 8 casos de dislexia fonológica, 3 casos de crianças com resultados dentro da média, enquanto as restantes 32 crianças apresentavam um padrão equilibrado, com resultados mais baixos do que a média tanto ao nível da leitura de palavras como de pseudo-palavras. Os autores desenvolveram uma metodologia baseada na análise de regressão por forma a avaliar o défice de base destas 32 crianças. Partindo dos valores de referência dos controlos cronológicos na leitura de pseudo--palavras e de palavras com ortografia irregular, determinaram as rectas de regressão que permitiam predizer os resultados em cada uma das medidas a partir da outra. A comparação dos resultados das crianças dislèxicas com os valores preditos a partir das rectas de regressão (baseadas nos controlos cronológicos) originou três tipos de perfil deficitário – a dislexia equilibrada, a dislexia fonológica e a dislexia de superfície. Na dislexia equilibrada os problemas no processamento ortográfico podiam ser previstos com base nos resultados do processamento fonológico. Na dislexia fonológica os resultados do processamento ortográfico eram superiores aos previstos a partir da regressão com base no processamento fonológico. Na dislexia de superfície acontecia o inverso ao quadro da dislexia fonológica: o bom domínio fonológico não permitia a previsão dos resultados baixos ao nível do processamento ortográfico.

Castles e Coltheart (ibd.) concluíram que das 32 crianças, 6 revelavam uma discrepância a favor da leitura de pseudo-palavras (perfil de dislexia de superfície), 21 revelavam uma discrepância a favor da leitura de palavras irregulares (perfil de dislexia fonológica) e apenas 5 casos revelavam resultados igualmente baixos nas duas tarefas (perfil de dislexia equilibrada).

Perante estes resultados Castles e Coltheart (ibd.) concluíram que o modelo de dupla via era aplicável à dislexia de desenvolvimento. A metodologia desenvolvida por estes autores foi posteriormente adoptada por investigadores de língua francesa, que observaram, entre crianças disléxicas falantes do francês, a existência dos dois perfis propostos pelo modelo de dupla via (Genard et al., 1998). Contudo, enquanto entre as crianças inglesas existia um número equivalente de disléxicos de superfície e de disléxicos fonológicos, entre as crianças falantes de francês existiam muito mais disléxicos de superfície do que disléxicos fonológicos – entre as 38 crianças avaliadas por Genard et al. (ibd.), 35 revelavam um perfil de superfície e apenas 3 revelavam perfil fonológico.

Genard et al. (ibd.) observaram o grupo de 38 disléxicos, identificados com base na metodologia de Castles e Coltheart (ibd.), durante três anos. Os autores relataram que, três anos após a primeira avaliação, o grupo de crianças com dislexia de superfície lia palavras com ortografia irregular ao mesmo nível que os controlos. Entre os casos de dislexia fonológica, apenas um havia mantido o perfil de dislexia, enquanto os outros tinham "evoluído" para o perfil de dislexia de superfície logo no 2.º ano de avaliação, melhorando os resultados de leitura de pseudo-palavras, mas não melhorando os resultados de leitura de palavras com ortografia irregular. Os autores sugeriram que a transição do perfil de dislexia fonológica para o perfil de dislexia de superfície se enquadrava na perspectiva segundo a qual o processamento fonológico constitui um pré-requisito para o desenvolvimento dos processos ortográficos, assim se distanciando dos defensores do modelo de dupla-via que sustentam a importância equivalente de um e outro tipo de processos.

Manis et al. (1996), teóricos na linha conexionista, replicaram o estudo de Castles e Coltheart (1993) com três grupos de crianças: 51 disléxicas, 51 controlos cronológicos e 27 controlos de leitura. Como Castles e Coltheart, também Manis et al. (ibd.) encontraram crianças que correspondiam aos perfis de dislexia fonológica e de superfície. O resultado inovador de Manis et al. (ibd.) relaciona-se com a comparação entre o desempenho das crianças disléxicas e os controlos de leitura. À semelhança dos resultados relatados por Bryant e Impey (1986), os autores observaram que a diferença relativamente ao grupo de controlo de idade de leitura era significativa apenas para os disléxicos fonológicos, enquanto o desempenho dos disléxicos de superfície era equivalente ao desempenho do grupo de controlo de idade de leitura. Este resultado levou os autores a confirmar a existência de dois perfis de dislexia de desenvolvimento contudo ressalvando a diferença qualitativa entre os dois perfis já proposta por Bryant e Impey (1986): a dislexia fonológica representaria um desvio desenvolvimental, enquanto a dislexia de superfície representaria um atraso desenvolvimental.

Manis et al. (ibd.) propuseram que o défice fonológico afectaria negativamente a competência para converter a ortografia em fonologia, tendo um efeito primário na leitura de pseudo-palavras e secundário na leitura de palavras de excepção, em virtude de as palavras (mas não as pseudo-palavras) poderem ser lidas através do mecanismo de pronunciação visual-semântico. Os efeitos do défice fonológico variariam de acordo com a sua severidade: um défice ligeiro afectaria apenas a leitura de pseudo-palavras; um défice severo afectaria também a leitura de palavras, sendo a leitura de palavras de excepção pior do que a leitura de palavras regulares.

Relativamente à dislexia de superfície, Manis et al. (ibd.) sugeriram que a aquisição atrasada das correspondências grafema-fonema poderia ser o problema de base (em vez do dano na via lexical como proposto pelo modelo de dupla via). Consistentes com esta interpretação são os resultados obtidos em simulações de redes neuronais. Seidenberg e McClelland (1989) e Plaut et al. (1996) verificaram que a redução em ca. metade dos meios computacionais disponíveis para a aprendizagem da tarefa de conversão grafema-fonema provocava um dano desproporcional na leitura das palavras de excepção em comparação com a leitura de palavras regulares e pseudo-palavras, reproduzindo o padrão base de atraso da dislexia de superfície.

Como os conexionistas, também Share (1995, 1999) discorda da independência das vias/mecanismos de leitura. Este autor sustenta que os processos fonológico e ortográfico, em vez de independentes, são interdependentes, sendo que o primeiro se desenvolve previamente ao segundo revestindo-se assim de importância capital para o surgimento das competências ortográficas. Share (1995) sugere que se os processos fonológico e ortográfico fossem independentes seria possível encontrar indivíduos com um dos processos intacto e outro a funcionar. Um 'disléxico fonológico puro' recorreria a associações específicas de palavras e, consequentemente, seria incapaz de ler pseudo-palavras e capaz de ler palavras reais, independentemente da sua regularidade ortográfica. Do mesmo modo, deveria revelar total ausência de capacidade de descodificação mas ainda assim ser um leitor competente uma vez que seria capaz, através da via lexical, de ler todas as palavras (regulares e irregulares). Um 'disléxico de superfície puro' seria incapaz de recorrer à informação específica das palavras, estando inteiramente dependente do mecanismo fonológico, assim sendo capaz de ler pseudo-palavras e palavras regulares, e incapaz de ler palavras irregulares. Contrariamente a estas previsões, os disléxicos reais revelam danos em ambos os processos, em consonância com a hipótese de auto-ensino de Share, segundo a qual os dois processos são interdependentes. De acordo com esta hipótese podemos compreender a inexistência de casos de dissociação completa entre (boa) competência fonológica e (pobre) competência ortográfica; em vez disso, existe antes um padrão de dissociação desenvolvimental parcial e assimétrico, com casos de dislexia em que transparecem danos em ambos os mecanismos.

2.2.2. Um único perfil na dislexia de desenvolvimento

Stanovich et al. (1997) reanalisaram os resultados de Castles e Coltheart (1993) através da comparação dos resultados das crianças disléxicas com controlos de idade de leitura. Os resultados revelaram que, se em vez de adoptar controlos cronológicos na metodologia de regressão (procedimento adoptado por Castles e Coltheart), se adoptassem controlos de idade de leitura, o perfil de dislexia de superfície desaparecia. Os autores propuseram que o perfil de dislexia descrito por Castles e Coltheart (1993) como 'de superfície' era resultado de um défice fonológico não muito severo, acompanhado de uma experiência de leitura inadequada. Os resultados de Stanovich et al. (ibd.) foram depois replicados noutras línguas como o francês, e o castelhano (Sprenger-Charolles et al., 2000; Gonzalez, 2000, em Sprenger-Charolles et al., 2000).

2.3. Além das tarefas de leitura: a consciência fonológica e a tarefa de nomeação rápida

Patricia Bowers e Maryanne Wolf (Bowers e Wolf, 1993; Wolf e Bowers, 1999) alertaram para a co-existência, entre as crianças disléxicas, de um défice ao nível da consciência fonológica e de um défice ao nível da nomeação rápida. As autoras observaram que apesar de as crianças disléxicas, enquanto grupo, exibirem défices em ambas as tarefas, as correlações entre as duas tarefas eram muito baixas. Este resultado está na base da sua proposta da hipótese do duplo défice, segundo a qual existem três sub-tipos de crianças disléxicas: um sub-tipo, que exibe um claro défice de consciência fonológica e um défice modesto ao nível da velocidade de nomeação; um sub-tipo que exibe um claro défice de velocidade de nomeação e um défice de consciência fonológica modesto; e finalmente um sub-tipo que exibe ambos os défices. A pertinência da hipótese destas autoras prende-se com o parco sucesso dos programas de tratamento da dislexia, tipicamente centrados nas competências de consciência fonológica, para as crianças com um défice ao nível da velocidade de nomeação. Existem dados empíricos a favor da hipótese de duplo défice, que revelam que a consciência fonémica e a competência de nomeação rápida apresentam contribuições independentes para a variação observada na competência de leitura (Bowers, 1995, em Manis et al., 1999; Manis, Seidenberg e Doi, 1999); mais especificamente, Bowers (ibd.) verificou que a consciência fonémica se correlaciona mais com o desenvolvimento da codificação fonológica – as correspondências grafema-fonema – enquanto o desenvolvimento de codificação ortográfica – reconhecimento da palavra – está mais correlacionado com a competência para processar rapidamente símbolos visuais.

2.4. O défice fonológico

O dado mais robusto na investigação sobre a dislexia de desenvolvimento é que se trata de uma perturbação baseada num défice ao nível do processamento fonológico (Ramus, 2003, Snowling, 1987; Share, 1995; Wagner & Torgesen, 1987). Wagner e Torgesen (1987) identificaram três grandes conjuntos de investigação do processamento fonológico: consciência fonológica, recodificação fonológica no acesso lexical e recodificação fonética com o objectivo de manter a informação na memória de trabalho fonológica (Wagner & Torgesen, 1987). Destas três categorias, apenas a primeira está exclusivamente definida em termos de processamento de linguagem oral, enquanto a definição das restantes duas envolve algum relacionamento com a linguagem escrita.

Vejamos como a hipótese do défice fonológico sintetiza os diferentes resultados da investigação expostos acima.

Um défice ao nível da consciência fonológica teria consequências no estabelecimento de correspondências entre as letras e os fonemas correspondentes, bem como dificultaria a capacidade para manipular constituintes de som de uma palavra. Shaywitz, Fletcher, Shankweiler e Katz (1992, em Shaywitz, 1996) avaliaram as competências linguísticas e não-linguísticas de 378 crianças, com idades entre os 7 e os 9 anos, verificando que os défices fonológicos constituem o tipo de défice mais significativo e consistente entre as crianças disléxicas. Mais especificamente, de toda a bateria de Shaywitz et al. (ibd.) o teste de análise auditiva (segmentação de palavras em fonemas e subtracção de fonemas) foi o mais sensível à dislexia. Como já referido no 1.º capítulo, a consciência fonológica ao nível do pré-escolar correlaciona-se com as futuras competências de leitura.

A recodificação fonológica no acesso lexical refere-se à eficiência na recodificação de símbolos escritos em fonemas, traduzindo-se pelo desempenho na recuperação da forma fonológica das palavras. Pode ser avaliada através da leitura de pseudo-palavras, bem como através de tarefas de nomeação rápida de objectos, cores ou outros símbolos (Wagner e Torgesen, 1987). Nas tarefas de leitura de pseudo-palavras os disléxicos são mais lentos e tendem a dar mais erros do que as pessoas com competências de leitura normais (Wagner e Torgesen, 1987; Wimmer, 1996; Landerl et al. 1997). Nos anos 70, Denckla e Rudel (1976) observaram, entre os disléxicos, um défice ao nível da velocidade de nomeação através de uma tarefa em que pediam ao indivíduo que nomeasse o mais rápida e correctamente que fosse capaz um conjunto de figuras repetidas. As autoras chamaram a essa tarefa nomeação automatizada rápida (Rapid Automatized Naming - RAN); desde então, esta tarefa tem sido adoptada na investigação para avaliar a velocidade de nomeação.

Crianças e adultos disléxicos são mais lentos do que os leitores normais nas tarefas de nomeação rápida (Denckla e Rudel, 1976; Vellutino et al. 1995) e diferenças precoces em tarefas de nomeação rápida predizem dificuldades de leitura (Wolf, Bally e Morris, 1986).

A recodificação fonética para manter a informação na memória de trabalho fonológica refere-se à competência para manter activa a tradução de símbolos escritos em fonemas por períodos de tempos curtos durante um dado processo cognitivo (Wagner e Torgesen, 1987). A capacidade de armazenamento fonológico pode ser avaliada através de tarefas de memória de curto prazo como a sub-tarefa de memória de dígitos da escala de Wecshler. A generalidade dos disléxicos (adultos ou crianças) tem resultados piores do que os obtidos pelos controlos em tarefas de repetição de dígitos ou de palavras (Baddeley, 1986; Wagner e Torgesen, 1987) e os resultados em tarefas de amplitude de séries de palavras predizem competências de leitura (Mann e Liberman, 1984).

2.5. Teorias de desenvolvimento da leitura e dislexia

2.5.1. *A teoria de Uta Frith*

Frith (1985) alertou para a diferença entre os conceitos de atraso de desenvolvimento e desvio de desenvolvimento. O primeiro seria expresso por uma diferença quantitativa e o segundo expresso por uma diferença qualitativa. Na sequência desta distinção a autora propôs que o termo atraso se utilizasse quando o desenvolvimento é lento mas acaba por chegar aos mesmos estádios, e o termo desvio quando há um *handicap* permanente (Frith, ibd.). Frith sustenta que só perante um desvio de desenvolvimento é que podemos falar de perturbação desenvolvimental. Espera-se da criança que demonstra atraso que desenvolva estratégias como as do desenvolvimento normal, apenas num ritmo mais lento. De forma diferente, a criança que demonstra desvio desenvolve estratégias anormais ou compensatórias a partir do momento da falha. Assim, Frith sustenta que a compreensão da dislexia de desenvolvimento tem necessariamente que passar por um modelo distinto daqueles formulados para a dislexia adquirida, baseados em modelos de leitura hábil. A autora partilha a proposta de Marsh (1981) segundo a qual uma perturbação de desenvolvimento pode ser representada como uma falha no avanço de

78 Aprender a ler e avaliar a leitura. O TIL: Teste de Idade de Leitura

um estádio ao estádio seguinte. Frith (ibd.) e Marsh (ibd.) sustentam ainda que a 'dislexia clássica' (dislexia fonológica) resulta do insucesso no estabelecimento da estratégia alfabética, devido a falhas no sistema de linguagem, em particular a consciência fonémica.

Frith (ibd.) propôs uma adaptação da sua teoria de aquisição da leitura e da escrita à dislexia de desenvolvimento. A autora propôs-se identificar os défices da dislexia desenvolvimental em cada estádio de desenvolvimento, avaliando quais as estratégias adoptadas pela criança e quais as estratégias deficitárias.

Frith (ibd.) considera que, ao nível do estádio logográfico, não existe evidência de que haja crianças incapazes de adquirir vocabulário visual; mesmo em casos de deficiência mental, existe vocabulário visual (O'Connor & Hermelin, 1963, em Frith, 1985). Assim, sustenta que a dislexia não é causada por falhas na estratégia logográfica. Propõe que a "prisão desenvolvimental" no estádio logográfico, em que a estratégia alfabética surgiria como uma barreira intransponível, caracteriza o desenvolvimento clássico da dislexia – na denominação do modelo de dupla via trata-se da dislexia fonológica. Apesar de o reconhecimento logográfico demonstrar avanços, e de a idade de leitura (tal como medida por testes de reconhecimento de palavras) avançar, o desempenho com pseudo-palavras revelaria pouco avanço (Snowling, 1981). Baddeley et al. (1982) demonstraram que rapazes disléxicos mais velhos, treinados, com uma idade de leitura de 10 anos liam menos pseudo-palavras do que os controlos com a mesma idade de leitura; os resultados de Seymour e MacGregor, 1984 revelaram também competências de leitura de pseudo--palavras muito pobres para disléxicos adolescentes e adultos; Naidoo (1972), que descreveu detalhadamente 98 rapazes disléxicos, verificou que os seus maiores problemas eram a pronúncia de letras em voz alta e juntá-las – competências alfabéticas típicas.

A descoberta de que as crianças disléxicas com boas competências de reconhecimento de palavras não demonstravam qualquer efeito de regularidade na escrita e demonstravam um efeito de enorme superioridade das palavras em relação às pseudo-palavras (Frith & Snowling, 1983, em Frith, 1985) é avançada por Frith como argumento de que as palavras não são reconhecidas por análises fonológicas mas antes por estratégias logográficas. Regra geral, quando uma criança apresenta falhas na aprendizagem da leitura, procede-se a intervenção para que passe à fase alfabética, nomeadamente através do treino fónico repetido. Contudo, a criança disléxica não automatiza o processo a ponto de ele se tornar livre de esforço. Frith apresenta duas observações elucidativas do défice no recurso às estratégias alfabéticas: (1) "em dias maus, a competência de leitura duramente adquirida pode parecer novamente perdida" (Simpson, 1980, em Frith, 1985); (2) um conjunto de disfunções cognitivas pode de qualquer forma ser descoberto por testes sensíveis (Ellis & Miles, 1981 em Frith, 1985).

De acordo com a autora, a primeira observação implica que as competências não são automáticas; a segunda observação implica que, em casos de dislexia, o desenvolvimento na leitura ocorre através de tratamento sintomático, sem que o défice subjacente tenha sido removido. De facto, através de testes sensíveis como a leitura de pseudo-palavras, é fortemente previsível que os "ex-disléxicos" revelem um reconhecimento de palavras francamente melhor do que o de pseudo-palavras, tanto em termos de tempo de reacção como de exactidão.

De acordo com a teoria de Frith (1985), a fase alfabética é um passo intermédio para a fase ortográfica. A combinação do reconhecimento imediato e das competências analíticas sequenciais resultaria no progresso para a última fase, em que as unidades ortográficas são empregues na leitura, em vez das características gráficas salientes ou correspondências grafema-fonema. A falha na transição para esta última fase traduzir--se-ia por uma confiança excessiva no princípio alfabético, juntamente com uma falha de competência ortográfica, enquanto as competências logográficas deveriam estar intactas. Frith sugere que se chame disgrafia desenvolvimental à "prisão desenvolvimental" na fase alfabética. De acordo com a autora, o recurso às estratégias logográficas traduzir-se-ia numa discrepância entre o desempenho na escrita e na leitura: enquanto na escrita haveria erros de regularização, na leitura só existiriam problemas se as estratégias logográficas tivessem sido desencorajadas. A disgrafia desenvolvimental seria uma perturbação análoga à dislexia de superfície no sentido em que o desempenho na leitura e escrita das palavras regulares estaria relativamente intacto, uma vez que a criança dispõe da estratégia alfabética. Frith salienta contudo uma diferença relativamente à proposta da dupla via, que reside no recurso às estratégias logográficas. Frith propõe que as crianças com disgrafia desenvolvimental se caracterizariam por uma competência de leitura mais avançada e menos erros fonéticos comparativamente aos disléxicos fonológicos.

2.5.2. A teoria de Philip Seymour

Seymour (Seymour & MacGregor, 1984; Seymour, Evans & Kinnison, 1989; Seymour & Evans, 1999) estendeu o âmbito da sua teoria de desenvolvimento da leitura à dislexia de desenvolvimento. A teoria de Seymour adopta a proposta de Frith segundo a qual o sistema ortográfico pode ser perspectivado como a fase final na sequência do domínio dos processos logográfico e alfabético. Apresenta contudo uma diferença importante relativamente à proposta de Frith: apesar de identificar, como esta autora, a existência dos processos logográfico e alfabético, Seymour propõe que esses processos se desenvolvem em paralelo, e não sequencialmente como proposto por Frith (ibd.).

Com base nos componentes da literacia alicerce (relações entre letras e sons e processos alfabético e logográfico), o autor propôs quatro tipos de dislexia alicerce: a dislexia literal, alfabética, logográfica e equilibrada. A dislexia literal traduzir-se-ia por um défice no conhecimento de letras – dificuldade em adquirir a identidade, som e forma escrita das diferentes letras – entre os quatro tipos de dislexia, a dislexia literal teria as maiores implicações, dado que impediria o desenvolvimento dos componentes logográfico e alfabético. A dislexia alfabética, traduzir-se-ia pela aquisição das relações letra-som, contudo apresentando um défice na descodificação de pseudo-palavras – "pode ser encontrada em indivíduos que tenham sido capazes de adquirir a correspondência letra-som mas tenham dificuldades em aplicá-los na descodificação de palavras não familiares" (Seymour, & Evans, 1999, p. 397); o componente logográfico pode contudo desenvolver-se normalmente, sendo de esperar que haja um desequilíbrio na leitura de palavras familiares e não familiares (ou pseudo-palavras). Na dislexia logográfica, ao contrário da situação de dislexia alfabética, encontrar-se-ia uma tendência para ler melhor as palavras não familiares e pseudo-palavras do que as palavras familiares, já que o défice está ao nível do componente logográfico, sendo a descodificação letra-som o procedimento utilizado. A dislexia equilibrada, traduzir-se-ia por conhecimento das relações letra-som acompanhado por um défice dual dos processos alfabético e logográfico.

Seymour (1999) adaptou o procedimento de avaliação do estádio alicerce às crianças disléxicas. Para tal, comparou os resultados obtidos por crianças disléxicas e crianças mais novas com a mesma idade de leitura nas três tarefas-base do estádio alicerce. O conhecimento letra--som foi avaliado através de tarefas de leitura e escrita de cada uma das letras do alfabeto; o processo alfabético foi avaliado através da leitura e escrita de pseudo-palavras; e o processo logográfico foi avaliado através da leitura e escrita de palavras muito frequentes nos livros escolares. Os casos de dislexia alfabética e logográfica foram avaliados com recurso à diferença no desempenho entre as palavras e pseudo-palavras. Uma diferença positiva, expressa por mais um desvio padrão relativamente à média dos controlos, foi considerada como indiciando dislexia alfabética – maior facilidade no reconhecimento de palavras conhecidas do que no processo de descodificação. Uma diferença negativa, expressa por mais do que um desvio padrão relativamente à media dos controlos, foi considerada como indiciando dislexia logográfica, i.e., maior facilidade no processo de descodificação do que no reconhecimento de palavras conhecidas. No conjunto das 51 crianças avaliadas por Seymour e Evans (ibid.), a maior parte das crianças ($n = 24$) correspondia a casos de dislexia equilibrada, a que se seguia a dislexia alfabética ($n = 11$), a dislexia logográfica ($n = 9$) e finalmente a dislexia literal ($n = 7$).

2.6. Comparações trans-linguísticas

À semelhança da tendência para a investigação na aquisição da leitura e da escrita, também a investigação sobre a dislexia provém, essencialmente, da língua inglesa (e.g., Frith, 1985; Snowling, 1987; Wagner & Torgesen, 1987, Seymour & McGregor, 1984; Seymour & Evans, 1999; Coltheart, 1983; Castles & Coltheart, 1993). A investigação recente tem-se centrado em estudos comparativos entre a dislexia nos falantes da língua inglesa e nos falantes de outras línguas com ortografia mais transparente (e.g., Landerl et al., 1997, Ziegler et al., 2003), no sentido de confirmar se a hipótese do défice fonológico pode ser generalizada a todas as ortografias alfabéticas ou, se pelo contrário, o défice fonológico é característica exclusiva dos disléxicos ingleses, em virtude de aprenderem a ler numa ortografia em que muitas das relações grafema-fonema são inconsistentes. A observação de disléxicos fonológicos falantes de alemão revelou que tinham características diferentes das dos disléxicos ingleses, no sentido em que as dificuldades dos primeiros no processamento fonológico se revelavam, não pela percentagem de respostas correctas (como acontecia com os disléxicos ingleses), mas antes pelos tempos de reacção (Wimmer, 1993). Da observação das diferenças entre disléxicos ingleses e disléxicos de ortografias mais transparentes surgiu

82   *Aprender a ler e avaliar a leitura. O TIL: Teste de Idade de Leitura*

uma perspectiva que sustentava que, à semelhança do que ocorre na aprendizagem normal da leitura, também as características dos disléxicos fonológicos seriam moldadas pela opacidade da ortografia em que aprendiam a ler. Apresentamos, de seguida, as principais conclusões em termos da universalidade das causas e sintomas da dislexia, com base em estudos trans-linguísticos com crianças disléxicas.

Landerl et al. (1997) compararam o desempenho de crianças disléxicas inglesas e alemãs em tarefas de leitura de palavras e de pseudo--palavras e tarefas de consciência fonológica, associando a cada grupo de crianças disléxicas um grupo de controlo de idade de leitura e um grupo de controlo de idade cronológica. Verificaram que nas tarefas de leitura de palavras e de pseudo-palavras as crianças disléxicas inglesas tinham resultados piores do que as alemãs (tanto ao nível da exactidão como dos tempos de reacção). A diferença entre o desempenho das crianças disléxicas inglesas e alemãs variava de acordo com a frequência das palavras: enquanto para palavras muito frequentes a diferença entre os dois grupos era pequena, entre as palavras pouco frequentes e pseudo-palavras – que exigem recodificação fonológica – a diferença entre os grupos aumentava, atingindo o pico na leitura de pseudo-palavras. Os autores verificaram ainda que o efeito de extensão silábica teve mais impacto entre os disléxicos ingleses do que entre os disléxicos alemães; em ambos os grupos verificaram um aumento da percentagem de erros à medida que a extensão silábica aumentava, contudo esse aumento foi maior para as crianças inglesas do que para as crianças alemãs. Contrariando o padrão de resultados das tarefas de leitura, os resultados ao nível da consciência fonológica revelaram uma diferença muito pequena entre os disléxicos alemães e ingleses (respectivamente, 63% e 73% de erros). Landerl et al. (ibd.) concluíram que, apesar de os disléxicos ingleses apresentarem resultados de leitura francamente piores do que os disléxicos alemães, os resultados da consciência fonológica apontavam para a partilha do mesmo défice neurocognitivo, ao nível fonológico, para as crianças disléxicas falantes de uma ou outra língua.

O estudo de Paulesu et al. (2001) constituiu-se como a pedra de toque sobre o défice neurocognitivo comum à dislexia nas diferentes ortografias. Os autores avaliaram adultos disléxicos e adultos com competências de leitura normais provenientes de três ortografias com diferentes graus de complexidade ortográfica: italiano, francês e inglês (respectivamente, uma ortografia transparente, intermédia e opaca). Verificaram que, enquanto os disléxicos italianos tiveram melhores resultados na leitura (exactidão) do que os franceses e ingleses, quando os três conjuntos de disléxicos foram comparados com controlos de leitura, o padrão de resultados que surgiu era semelhante para os três grupos. A conclusão deste estudo sustenta que apesar de as manifestações da dislexia serem diferentes conforme o sistema ortográfico, o défice cognitivo e as bases cerebrais da dislexia são universais.

Ziegler et al. (2003) elaboraram um estudo com um objectivo e estrutura semelhantes ao estudo de Landerl et al. (1997), no sentido de suprir aquilo que consideraram três pontos fracos, a saber: algumas das palavras inglesas seleccionadas eram irregulares, enquanto todas as palavras alemãs eram regulares; os tempos de reacção foram medidos não através da pronunciação por parte da criança mas através de um sinal táctil dado pela criança quando considerava saber a resposta; finalmente, a crítica mais importante estava relacionada com o facto de os autores considerarem que a comparação de valores absolutos no desempenho de leitura entre as crianças disléxicas alemãs e inglesas acrescentava pouco à compreensão da dislexia. Ziegler et al. (ibd.) consideraram mais importante avaliar, à semelhança de Paulesu et al. (ibd.), a magnitude dos efeitos do défice fonológico através da comparação entre os efeitos em cada grupo de disléxicos e nos grupos de controlo respectivos, assim permitindo avaliar se um dado efeito era mais ou menos forte entre os disléxicos alemães ou ingleses. Os autores avaliaram o efeito de lexicalidade (palavras monossilábicas com CGF consistentes, a partir das quais derivaram as pseudo-palavras), o efeito de extensão (3, 4, 5 e 6 letras) e o efeito da vizinhança do corpo (vizinhança densa e esparsa). O efeito de lexicalidade permitiu comparar o défice de descodificação fonológica entre os disléxicos alemães e ingleses; o efeito de extensão permitiu avaliar o recurso a processos fonológicos na leitura de palavras e de pseudo-palavras, e o efeito de vizinhança permitiu avaliar a sensibilidade dos disléxicos às unidades grandes.

Ziegler et al. verificaram que o défice de descodificação era mais severo (ao nível dos tempos de reacção) para os disléxicos do que para os controlos de leitura, assim concluindo que o défice de leitura de pseudo-palavras se constitui como um défice fundamental. Os autores verificaram também que a extensão dos itens a ler afectou mais o tempo de reacção dos disléxicos do que o dos grupos de controlo, chegando a haver uma diferença de 11 vezes mais tempo para os disléxicos do que para os leitores normais, revelando o recurso a estratégias de descodificação sequencial. Finalmente, quanto ao efeito da vizinhança do corpo, verificaram um resultado discrepante entre os dois grupos de disléxicos quanto à interacção entre o efeito de extensão e de vizinhança. Uma boa integração da informação das unidades grandes deveria reflectir-se na redução do efeito de extensão quando em presença de uma vizinhança densa. Enquanto entre as crianças inglesas o efeito de extensão foi menor entre os disléxicos do que entre os controlos quando a vizinhança era densa, entre as crianças alemãs, disléxicas e controlos, não se verificou interacção.

Os autores concluíram, em consonância com os resultados da investigação neuropsicológica em adultos (Paulesu et al., 2001), que existem mais semelhanças do que diferenças entre os disléxicos de diferentes ortografias (no caso, inglesa e alemã), uma vez que a magnitude dos efeitos foi semelhante para ambos: para os disléxicos das duas línguas o processo de descodificação grafema-fonema é muito lento e sequencial. Ainda, os efeitos encontrados entre as crianças disléxicas tinham uma magnitude superior à revelada pelos controlos de leitura, o que enfatiza a importância desses efeitos no estudo da dislexia. Quanto à diferença de resultados em relação à interacção da extensão com a vizinhança, os autores consideraram estar perante resultados concordantes com o normal desenvolvimento da leitura nas duas ortografias, dada a unanimidade da investigação relativamente à importância tardia da rima entre os aprendizes de leitura em alemão. Finalmente, os autores pronunciam-se relativamente à comparação da aquisição da leitura em ortografias europeias entre (1) crianças com desenvolvimento normal da leitura, e (2) crianças disléxicas. Enquanto a primeira comparação indica que as crianças inglesas têm um desenvolvimento mais lento do que as restantes, a segunda comparação, atendendo aos resultados de Ziegler, remete para a ausência de diferenças entre as diferentes ortografias. Os autores propõem que a justificação para esta discrepância pode relacionar-se com o momento em que se iniciam os problemas dos disléxicos, que estaria ao nível dos processos básicos de recodificação fonológica, assim se situando antes de a regularidade ter um papel relevante. Os autores colocam ainda a hipótese de que as crianças disléxicas nunca cheguem a adquirir processos de recodificação fonológica suficientemente eficientes de forma a tornarem-se sensíveis às regularidades contextuais.

Wimmer, Mayringer e Landerl (2000), reflectindo sobre o défice de fluência de leitura entre os disléxicos alemães, que regra geral não apresentam resultados piores do que os controlos ao nível da exactidão, alertaram para o facto de o papel do défice da velocidade de nomeação ser sub-estimado nos estudos sobre a dislexia (na sua maioria de origem inglesa), que se centram sobretudo nos resultados da exactidão. Ora, entre os disléxicos alemães, ao nível do 2.º ano de escolaridade, os resultados de exactidão são equivalentes aos dos controlos, apenas restando a diferença ao nível dos tempos de reacção, verificando-se a mesma tendência noutras ortografias transparentes como o castelhano (Rodrigo & Jiménez, 1999, em Ziegler & Goswami, no prelo), italiano (Zoccolotii et al., 1999, em Ziegler & Goswami, 2005) e neerlandês (Yap e van der Leij, 1993, em Ziegler & Goswami, 2005).

Wimmer et al. (ibd.) realizaram um estudo com crianças alemãs com o objectivo de avaliar o papel de cada um dos défices – consciência fonológica e velocidade de nomeação – na aquisição da leitura e da escrita. Os autores avaliaram 530 rapazes no pré-escolar e, com base no seu desempenho em tarefas de consciência fonológica implícita do ataque e da rima e na tarefa de nomeação rápida de objectos, formaram um grupo controlo e três grupos experimentais: défice de consciência fonológica, défice na velocidade de nomeação e duplo défice. Três anos depois, as crianças foram avaliadas relativamente à leitura e escrita de palavras com ortografia consistente e inconsistente.

Os resultados revelaram que o défice fonológico teve pouco impacto na leitura três anos depois, tendo o grupo com défice fonológico obtido resultados equivalentes ao grupo controlo na leitura de pseudo-palavras e na escrita fonológica. Os autores interpretaram este resultado como atestando a importância da transparência da ortografia, juntamente com a adopção do método fónico. Aliadas estas duas condições, crianças com défice ao nível fonológico no pré-escolar são capazes de adquirir as correspondências grafema-fonema e fonema-grafema necessárias à escrita e à leitura. Pelo contrário, crianças inglesas (que aprendem a ler numa ortografia opaca) com défice de consciência fonológica revelam menor competência na leitura de pseudo-palavras, quando comparadas com os controlos (Bowers et al., 1999 em Wimmer et al., 2000).

Os autores esperavam que um défice de velocidade de nomeação fosse um precursor de uma velocidade de leitura mais lenta do que a dos controlos; os resultados confirmaram a sua hipótese, no sentido em que as crianças do grupo com défice na velocidade de nomeação revelaram tempos de reacção mais lentos em todas as tarefas de leitura, contrariamente ao grupo com défice fonológico, cujos tempos de reacção eram apenas um pouco mais baixos do que os do grupo controlo para a leitura e verificação de texto, e iguais aos controlo na leitura de pseudo--palavras.

A memória ortográfica foi avaliada através da leitura e escrita de palavras inconsistentes. Os dois grupos com um único défice revelaram resultados mais baixos do que o grupo-controlo para a leitura e escrita, tendo o grupo com duplo défice apresentado resultados ainda mais baixos. Estes resultados foram interpretados como indicação de que o défice fonológico tem, entre as crianças alemãs, um efeito negativo na formação da memória ortográfica mas não tem qualquer efeito ao nível da descodificação. Este resultado infirma o pressuposto de que a formação do léxico se baseia numa leitura visual (Castles & Coltheart, 1993), antes confirmando os efeitos fonológicos na formação do léxico (Ehri, 1992; Perfetti, 1992; Share, 1995, 1999), como parece patente da observação de crianças disléxicas alemãs que apresentam uma leitura de palavras com formas fonológicas novas pior do que a dos controlos (Wimmer et al., 2000). A dificuldade com formas fonológicas novas suscitou a interpretação de que um armazenamento deficiente das pronunciações da escrita pode contribuir para uma memória ortográfica fraca entre as crianças disléxicas alemãs. O défice isolado da velocidade de nomeação tem um efeito negativo na formação da memória ortográfica. O défice é localizado pelos autores ao nível da formação de associações entre os fonemas activados pelos grafemas ou ao nível da formação de associações entre os grafemas da forma escrita da palavra e os segmentos da representação fonológica (ibd.).

Os autores alertam para a diferença do efeito do défice fonológico entre as crianças alemãs e inglesas. O défice ao nível da consciência fonológica não impede, entre as crianças alemãs, o desenvolvimento do processo de descodificação, como revelado pelos resultados elevados em todas as tarefas de leitura (com excepção da leitura de palavras inconsistentes). Contudo, apesar de desenvolverem o processo de descodificação, as crianças com défice fonológico revelaram défices no desenvolvimento das representações de memória ortográfica, como revelado pela leitura e escrita de palavras inconsistentes. As crianças com défice ao nível da velocidade de nomeação não beneficiaram do método de ensino fónico no contexto de uma ortografia transparente. A aquisição do processo de descodificação foi realizada sem dificuldade contudo estas crianças exibiam uma fluência de leitura fraca, bem como resultados percentuais fracos na leitura e escrita de palavras inconsistentes.

Em inglês o défice ao nível da consciência fonológica afecta negativamente a aquisição do processo de descodificação, afectando todo o processo de desenvolvimento da leitura, e particularmente, a formação do léxico mental. Em alemão, dada a transparência das correspondências grafema-fonema, a aquisição precoce do processo de descodificação não é afectada por um défice da consciência fonológica ou da velocidade de nomeação, sendo que os efeitos negativos desses défices se fazem notar mais tarde, quando a fluência na leitura e na escrita ortográfica se torna importante.

3. CONTRIBUTO PARA O DIAGNÓSTICO DAS DIFICULDADES DE LEITURA EM PORTUGUÊS EUROPEU: TIL – TESTE DE IDADE DE LEITURA

Quando, no âmbito da investigação de doutoramento (Sucena, 2005), iniciámos um estudo sobre a dislexia, deparámo-nos com a ausência, em Portugal, de um teste estandardizado para determinar a idade de leitura. Criámos o TIL, através da adaptação do sub-teste Lobrot L3, de forma a obter uma medida externa ao estudo relativamente ao estatuto de "dislexia" das crianças. Trata-se de uma prova estandardizada para o francês, amplamente utilizada entre os investigadores francófonos, quer na investigação sobre dislexia, quer na prática clínica em psicologia escolar e terapia da fala.

O TIL vem colmatar uma lacuna no espaço da investigação sobre a leitura em português, bem como na actividade terapêutica junto de crianças com dificuldades de aprendizagem, tratando-se de um teste que pode ser adoptado numa primeira etapa do diagnóstico nas dificuldades de leitura/ dislexia. Por se tratar de um teste de triagem inicial, o TIL não é suficiente para diagnosticar a natureza das dificuldades de leitura da criança. Uma vez sinalizadas as dificuldades de uma criança através do TIL, é necessário recorrer a um Psicólogo que proceda a uma avaliação minuciosa dos processos subjacentes à leitura. Como vimos nos capítulos anteriores, tais processos incluem o processamento fonológico – avaliado através de tarefas como a consciência fonológica e a nomeação rápida – e o processamento da palavra escrita – avaliado através da leitura de palavras e de pseudo-palavras, e da medição de efeitos como a lexicalidade e a regularidade. As autoras elaboraram uma bateria de avaliação de leitura que avalia tais processos: a ALEPE (no prelo).

Descrevemos de seguida o TIL.

INTRODUÇÃO

O Teste de Idade de Leitura (TIL) foi construído através da adaptação do teste Lobrot L3 (1973), de origem francesa e amplamente utilizado entre os investigadores e clínicos francófonos na avaliação da competência de leitura, que permite estabelecer se o nível de leitura de uma dada criança coincide com o nível de leitura adequado para a sua idade cronológica.

O teste é constituído por frases isoladas incompletas, e a tarefa da criança consiste em completar cada frase seleccionando a palavra correcta entre cinco. Para realizar esta prova, a criança necessita de fazer recurso às competências de descodificação e de compreensão: duas competências essenciais na tarefa de leitura (Gough & Hillinger, 1980; Morais, 1997). Esta prova pode ser administrada colectivamente e a sua administração é realizada em cinco minutos. De salientar ainda que, recentemente, investigadores francófonos (Pierart & Gregoire, 2004) procederam a uma análise psicométrica do Lobrot L3 com um conjunto de 2989 crianças, disponibilizando percentis actualizados. Trata-se então de uma prova que tem resistido à passagem do tempo, e à comparação com outras provas de leitura.

A adaptação do Lobrot L3 a outras línguas que não o francês não é uma iniciativa isolada; Marin e Carillo (1998) adaptaram este instrumento ao castelhano, sendo que a utilização dessa adaptação ultrapassa já as fronteiras de Espanha, sendo também adoptada em países da América Latina como o Chile, Uruguai e Venezuela[1].

A disponibilização do TIL vem colmatar uma lacuna no espaço da investigação em português sobre a leitura, bem como na actividade terapêutica junto de crianças com dificuldades de aprendizagem, tratando-se de um teste que pode servir de base a um primeiro diagnóstico nas dificuldades de leitura/ dislexia.

DESCRIÇÃO DO TIL

O TIL é um teste de leitura que envolve a avaliação de dois processos cognitivos: descodificação e compreensão. A criança lê em silêncio frases isoladas incompletas, e a sua tarefa consiste em completar cada frase seleccionando a palavra correcta entre cinco – sublinhando a palavra correcta.

---

[1] Informação fornecida pessoalmente por Carrillo.

A duração total da prova é de 5 minutos; o tempo necessário para obter a pontuação é de ca. de dois minutos. Uma vez obtida a pontuação directa, o avaliador apenas necessita de confrontar essa pontuação com os resultados de referência.

Materiais

O TIL é constituído por quatro frases de ensaio e 36 frases experimentais, e é apresentado em duas páginas formato A4. A primeira página está destinada ao registo dos dados pessoais do participante – nome; idade; data; data de nascimento; turma; nome do(a) professor(a) – e à apresentação dos ensaios de treino. Na segunda página figuram as 36 frases experimentais, distribuídas equitativamente por duas colunas.

Instruções de administração do TIL

O TIL está concebido para um modo de administração colectiva, por turma escolar. Deve ser apresentado às crianças como "um jogo de frases que precisam de ser completas".

Pede-se às crianças que peguem num lápis e, após distribuídas as duas folhas a cada criança, é pedido à turma que preencha os dados do cabeçalho na primeira folha.

É explicado às crianças que vão ler frases incompletas e devem seleccionar a palavra necessária para completar a frase, sublinhando-a. De seguida, o avaliador explica que lerá em voz alta as frases do "Jogo de treino" e que todos devem seguir a sua leitura em silêncio.

O avaliador deve ler a frase, seguida das cinco opções de palavras, e perguntar à turma qual a palavra correcta para completar a frase. Dá--se oportunidade para que sejam as crianças a indicar a resposta, que é repetida pelo avaliador em voz alta. Se nenhuma criança indicar a resposta correcta, esta será indicada, também em voz alta, pelo avaliador. Pede-se então às crianças que sublinhem a palavra correcta.

É explicado o procedimento a adoptar se se enganarem ao sublinhar – uma resposta anulada é indicada por uma cruz (x) que cobre a palavra anteriormente sublinhada. O mesmo procedimento é repetido para as quatro frases de ensaio.

Terminada a prova de treino, o experimentador pede às crianças que não voltem a página antes da sua ordem. Explica-se às crianças que devem ler as frases em silêncio e completá-las o mais rápido e melhor possível. Relembra-se o procedimento de selecção da palavra correcta através do sublinhado. Explica-se que não deve ser colocada qualquer questão ao avaliador, devendo as crianças passar à frente da(s) frase(s) que não sejam capazes de completar.

Finalmente, explica-se à turma que esta tarefa não tem como objectivo avaliar o rendimento académico, e que deve ser realizada individualmente e respeitando o tempo que lhe está destinado pelos sinais do avaliador de "comecem" e "acabou, pousem o lápis".

É pedido silêncio à turma e dado o sinal de início da tarefa "podem virar a página... comecem", ao mesmo tempo que iniciado o cronómetro durante 5 minutos; ao fim de 5 minutos é dado sinal de fim de tarefa "Acabou, pousem o lápis" e são recolhidas as folhas.

Cotação do TIL

A cotação é obtida através da soma das frases correctamente completadas; o número obtido é multiplicado por 100 e o produto dividido pelo total de frases (36), como na fórmula abaixo:

Nota final = (número de frases completadas correctamente x 100) / 36

Características do TIL

Existem 36 frases, cuja extensão aumenta progressivamente. Cada frase termina abruptamente, devendo a criança seleccionar a palavra que completa a frase entre cinco opções.

Em cada conjunto de cinco palavras a seleccionar para completar a frase, existem quatro distractores e uma palavra-alvo (a palavra correcta). Os distractores e palavra-alvo ocupam diferentes posições ao longo das 36 frases do teste, não sendo possível ao participante extrair uma regra a partir da qual possa identificar a palavra-alvo correctamente sem recorrer à leitura da frase e das cinco opções.

Os distractores distribuem-se pelas seguintes quatro categorias: 1) sem qualquer semelhança à palavra-alvo; 2) visualmente próximos à palavra--alvo; 3) fonologicamente próximos à palavra-alvo; 4) semanticamente próximos à palavra-alvo.

MÉTODO

Participantes

O TIL foi administrado a 614 crianças que frequentavam os 2.º (n = 170), 3.º (n = 186), 4.º (n = 173) e 5.º anos de escolaridade (n = 85), em cinco escolas no concelho do Porto. No quadro 2 caracterizam-se os participantes.

Quadro 2 – Caracterização dos participantes por sexo e idade.

	N	Sexo		Idade
		Masculino	Feminino	(anos e meses)
2.º Ano	170	83	87	7;6
3.º Ano	186	88	98	8;7
4.º Ano	173	73	100	9;7
5.º Ano	85	43	42	10;6
Total	614	287	327	

Procedimento

Adoptou-se o procedimento descrito nas Instruções de administração, na p. 91.

RESULTADOS

Quadro 3 – Resultados no TIL em função do sexo e grupo etário; o desvio-padrão é apresentado entre parêntesis.

Sexo	Idade			
	8 anos	9 anos	10 anos	11 anos
Masculino	14,34	19.56	26.60	29.26
	(5.25)	(4.54)	(5.43)	(4.68)
Feminino	13,31	19.04	24.46	27.71
	(4.90)	(5.21)	(5.37)	(5.39)
Média	13,82	19,30	25,53	28,49

Nota: A pontuação máxima no TIL é 36.

A observação do Quadro 2 revela uma clara progressão nos resultados com o aumento da idade. A diferença entre as crianças de 8 e 9 ultrapassa os 5 pontos (o mesmo se observando entre as crianças de 9 e 10 anos) e a diferença entre as crianças de 10 e 11 anos é de ca. 3 pontos. Atentando aos resultados em função do sexo, podemos observar que em todos os intervalos de idade os resultados do sexo masculino são ligeiramente superiores aos do sexo feminino.

Uma Anova 4x2 com os factores Ano e Sexo revelou efeitos significativos para o Ano, F (3, 606) = 180,689, p < .0001, e Sexo, F (1, 3) = 143,274, p = .0014, e ausência de efeito para a interacção entre os factores. Testes *post hoc* (Scheffé com um nível de confiança de 99%) revelaram existir diferenças significativas em todas as comparações entre grupos etários.

Em função da diferença significativa entre os resultados do sexo masculino e feminino, mantemos a divisão por sexo na descrição por percentil que servirá de base à classificação do nível de leitura em português (quadros 4 e 5).

O TIL – Teste de Idade de Leitura

Quadro 4 – Resultados das crianças de sexo masculino representados em percentis

	Percentil 100	Percentil 90	Percentil 80	Percentil 70	Percentil 60	Percentil 50	Percentil 40	Percentil 30	Percentil 20	Percentil 10	Percentil 5
8 anos	88,9 - 58,4	58,3 - 52,9	52,8 - 48	47,9 - 44,5	44,4 - 39	38,9 - 35,7	35,6 - 29,5	29,4 - 25,1	25 - 22,9	22,8 - 19,5	19,4 - 0
9 anos	94,4 - 72,3	72,2 - 64	63,9 - 61,2	61,1 - 55,7	55,6 - 52,9	52,8 - 49,5	49,4 - 47,3	47,2 - 42,9	42,8 - 39	38,9 - 34,5	34,3 - 0
10 anos	97,2 - 94,5	94,4 - 89	88,9 - 86,2	86,1 - 80,7	80,6 - 75,1	75 - 69,5	69,4 - 64	63,9 - 58,4	58,3 - 52,9	52,8 - 51,8	51,7 - 0
11 anos	100 - 97,3	97,2 - 92	94,4 - 91,8	91,7 - 89	88,9 - 80,7	80,6 - 77,3	77,2 - 75,1	75 - 69,5	69,4 - 64,5	64,4 - 61,2	61,1 - 0

Quadro 5 – Resultados das crianças de sexo feminino representados em percentis

	Percentil 100	Percentil 90	Percentil 80	Percentil 70	Percentil 60	Percentil 50	Percentil 40	Percentil 30	Percentil 20	Percentil 10	Percentil 5
8 anos	69,4 - 52,9	52,8 - 47	46,9 - 44,5	44,4 - 39	38,9 - 36,2	36,1 - 33,4	33,3 - 30,1	30 - 25,7	25,6 - 22,3	22,2 - 19,5	19,4 - 0
9 anos	88,9 - 75,1	75 - 64	63,9 - 58,4	58,3 - 55,7	55,6 - 51,5	51,4 - 47,3	47,2 - 44,5	44,4 - 39	38,9 - 36,2	36,1 - 33,4	33,3 - 0
10 anos	100 - 89	88,9 - 83,4	83,3 - 69,6	75 - 69,5	69,4 - 70	63,9 - 61,2	61,1 - 58,4	58,3 - 55,6	55,5 - 52,6	52,5 - 50,1	50 - 0
11 anos	100 - 97,3	97,2 - 93,4	93,3 - 86,2	86,1 - 85,2	85 - 77	76,9 - 70,7	70,6 - 66,8	66,7 - 61,8	61,7 - 58,4	58,3 - 55,8	55,7 - 0

Uma comparação entre os resultados portugueses e os resultados franceses revela algumas semelhanças, desde logo a diferença de desempenho entre rapazes e raparigas, assim exigindo que os resultados de cada criança sejam confrontados com os resultados do seu grupo de género. Ainda em comum, o facto de existir uma clara progressão no desempenho no teste à medida que a criança avança na escolaridade, não sendo atingidos valores de tecto antes do 5º ano de escolaridade.

CONCLUSÃO

Por se tratar de uma prova cuja administração é rápida e simples, e porque fornece uma medida objectiva do nível de leitura, é nosso entender que o TIL irá ao encontro das necessidades de clínicos e investigadores que trabalham na área da aprendizagem da leitura.

Especificamente, salientamos a aplicação do TIL como uma prova de base no diagnóstico da dislexia. De acordo com o DSM IV (1995), a dislexia define-se como um desempenho na leitura substancialmente abaixo daquilo que seria de esperar em função da idade cronológica, QI e do nível de escolaridade. O desempenho 'abaixo daquilo que seria de esperar' pode ocorrer ao nível da exactidão, velocidade ou compreensão, sendo avaliado através de medidas estandardizadas de avaliação. Na literatura dedicada à dislexia a medida estandardizada de idade de leitura é condição sine qua non. De que outra forma podemos avaliar que uma criança tem um atraso de x tempo na leitura se não comparando com valores *controlo?*

*Ora, até ao momento, deparamo-nos com a ausência de um t*este de idade de leitura estandardizado para o português europeu. O panorama nacional é paradoxal: a dislexia é recon*hecida, avaliada, tratada/ re*mediada. Contudo não existe um *teste de idade de leitura amplamente aceite pela comu*nidade científica. Esperamos que o TIL contribua para um avanço qualitativo ao nível da investigação e clínica na área das dificuldades de *leitura. Num futuro próximo é nossa intenção* proceder à aferição desta prova para a população portuguesa.

APÊNDICE

ALMEDINA
2009

TIL
TESTE DE IDADE DE LEITURA

Ana Sucena
São Luís Castro

NOME: _____

DATA: ....../....../......

Data de Nascimento: ....../....../......   Ano Escolar: _____

Nome do(a) Professor(a): _____

Escola: _____

Observações:

Jogo de Treino

1. Vou lavar a louça amanhã de manhã porque estou cansado e prefiro ir para a (fila, cola, rádio, cama, cara).

2. O meu irmão fez uma viagem a África e trouxe uma (vila, estátua, marta, estrada, estação).

3. É Primavera e os jardins estão floridos com (rotas, rosalinas, rodas, rosas, folhas).

4. Um homem que conduz um veículo chama-se (mecânico, companheiro, afinador, condutor, cantor).

100

Aprender a ler e avaliar a leitura. O TIL: Teste de Idade de Leitura

1. Pega na saca e vai-me comprar (artes, laranjas, sombras, lâminas, lavatórios).

2. Não comas já o bolo porque ainda está (mente, lento, quente, bom, doce).

3. Todos os cães têm quatro (bocas, patas, pinças, pêras, orelhas).

4. Ele ligou o rádio e ouviu as (notícias, delícias, natas, noites, nervuras).

5. Ele fugiu a correr porque viu um (loto, porco, lago, lado, lobo).

6. Eu gostava de ir para a praia e tomar banho no (nenúfar, mar, marte, morto, muro).

7. A estação é no meio da (piedade, cidade, seriedade, tarde, vontade).

8. Ele partiu a loiça e por isso foi (levado, cortado, premiado, querido, castigado).

9. Um local onde se guardam livros chama-se (pêra, cozinha, divisão, biblioteca, porta).

Apêndice da Obra: Aprender a ler e avaliar a leitura. O TIL: Teste de Idade de Leitura, de Ana Sucena e São Luís Castro, das edições Almedina.

O TIL – Teste de Idade de Leitura

10. Veste o casaco antes de saíres porque está (calor, frio, freio, fogo, tio).

11. Eles trabalham o dia inteiro, e à noite (olham, quebram, penteiam, descartam, descansam).

12. Podias limpar a sala com uma (tesoura, vassoura, vela, taça, caneta).

13. Ele saiu para ir à caça e por isso levou a sua (guarda, estrela, espingarda, parte, estaca).

14. Ele inclinou-se sobre o poço e caiu ao (fundo, fulo, freio, fato, forno).

15. O meu tio, depois de muito estudar, tornou-se um (médio, médico, maior, senhor, meio).

16. Se tens frio na cama porque é que não pões um (coberto, lenço, cobertor, coelho, coração).

17. Quando se anda na rua é preciso ter muita atenção aos carros para não se ser (dado, transportado, partido, empurrado, atropelado).

18. Durante a noite, espero que tenhas bons (sonhos, olhos, lápis, sorrisos, peixes).

Apêndice da Obra: Aprender a ler e avaliar a leitura. O TIL: Teste de Idade de Leitura, de Ana Sucena e São Luís Castro, das edições Almedina.

O TIL – Teste de Idade de Leitura

19. Aconteceu uma coisa engraçada a um pescador: pescou uma (carpa, pescada, sapatilha, truta, sardinha).

20. Ele trilhou a mão na porta e desatou a chorar aos (bolos, ditos, atritos, gritos, golos).

21. Todos saíram de casa para ir ver os estragos provocados pela (explosão, exposição, ascensão, expedição, excepção).

22. Os frigoríficos impedem a comida de se (apagar, escaldar, manchar, gelar, estragar).

23. Eles combinaram ir assistir à corrida no próximo domingo porque gostam de ver os carros a correr na (pista, lista, mata, rota, mina).

24. Qual é o teu jogo favorito? Ping-pong, bilhar, dominó ou (camisas, cartas, malas, focas, mãos).

25. Da cratera do vulcão vão saindo ondas de (vaga, lava, fava, cave, lapa).

26. Por que é que não usas a faca para comer o (bico, baile, bife, brinco, bibe).

27. Um amigo empurrou-o e ele caiu pelas (cadeiras, escadas, manadas, camadas, mesas).

Apêndice da Obra: Aprender a ler e avaliar a leitura. O TIL: Teste de Idade de Leitura, de Ana Sucena e São Luís Castro, das edições Almedina.

O TIL – Teste de Idade de Leitura

28. Os nossos vizinhos compraram um cão grande e mau para ficar à porta de casa, de (corda, fuga, coleira, grade, guarda).

29. É Inverno e de noite choveu muito; as gotas de água eram (gemadas, tiradas, geladas, pinheiros, socos).

30. Fomos passear ao Parque e apanhámos (cascavéis, castanhas, castelos, camelos, cachimbos).

31. Se pusermos o rádio muito alto, arriscamo-nos a incomodar os (peixinhos, dedinhos, azevinhos, vizinhos, adivinhos).

32. Quando lhe ralham e a castigam, ela fica (contente, grande, amável, alerta, triste).

33. O faquir, ao pôr uma faca na palma da mão, deixou-nos (pagos, adiados, escavados, amedrontados, magoados).

34. As pessoas gostam do que é novidade porque isso satisfaz a sua (bondade, amizade, curiosidade, vaidade, justiça).

35. O marido de uma filha é para a mãe dessa filha o (gigante, agente, genro, gesso, gente).

36. Fomos de carro até ao pinhal e depois sentámo-nos a comer a nossa (eleição, rola, refeição, cal, feição).

Apêndice da Obra: Aprender a ler e avaliar a leitura. O TIL: Teste de Idade de Leitura, de Ana Sucena e São Luís Castro, das edições Almedina.

REFERÊNCIAS BIBLIOGRÁFICAS

ADAMS, M. (1990). *Beginning to read: Thinking and learning about print.* Massachussets: MIT Press.

AMERICAN PSYCHIATRIC ASSOCIATION (1995): *DSM-IV: Manual Diagnóstico e Estatístico de Transto*rnos Mentais. (4.ª Edição ed.). Porto Alegre: Artes Médicas.

BADDELEY, A. D. (1986). *Working memory.* NY: Oxford University Press.

BARON, J., & STRAWSON, C. (1976). Use of orthographic and word-specific knowledge in reading words aloud. *Journal of Experimental Psychology: Human Perception and Performance, 2,* 386-393.

BOWERS, P., & WOLF, M. (1993). Theoretical links among naming speed, precise timing mechanisms and orthographic skills in dyslexia. *Reading and Writing: An Interdisciplinary Journal, 5,* 69-85.

BRYANT, P., & BRADLEY, L. (1980). Why children sometimes write words which they do not read. In U. Frith (Ed.), *Cognitive processes in spelling.* Londres: Academic Press.

BRYANT, P., & IMPEY, L. (1986). The similarity between normal readers and developmental and acquired dyslexics. *Cognition, 24,* 121-137.

BYRNE, B., FREEBODY, P., & GATES, A. (1992). Longitudinal data on the relations of word reading strategies to comprehension, reading time, and phonemic awareness. *Reading Research Quarterly, 27,* 141-151.

CARY, L., & VALE, A.P.C. (1997). *Predicting Portuguese First Graders Reading Ability from Sensitivity to Sub syllabic Units Assessed in Kindergarten.* Lisboa: 4th European Conference on Psychological Assessment.

CASTLES, A., & COLTHEART, M. (1993). Subtypes of developmental dyslexia. *Cognition, 47,* 149-180.

CASTRO, S., L. (1993). *Alfabetização e percepção da fala.* Porto: Instituto Nacional de Investigação Científica.

CASTRO, S., L. & GOMES, I. (2000). *Dificuldades de aprendizagem da língua materna.* Lisboa: Universidade Aberta.

COLÉ, P., SEGUI, J., & TAFT, M. (1997). Words and morphemes as units for lexical access. *Journal of Memory and Language, 37,* 312-330.

COLTHEART, M. (1978). Lexical access in simple reading tasks. In G. Underwood (Ed.), *Strategies of information processing* (pp. 151-216). San Diego: Academic Press.

COLTHEART, M. (1987). Varieties of developmental dyslexia: A comment on Bryant and Impey. *Cognition, 27*, 97-101.

COLTHEART, M., CUTIS, B., ATKINS, P., HALLER, M. (1993). Models of reading aloud: Dual-route and parallel-distributed processing approaches. *Psychological Review, 100*, 589-608.

COLTHEART, M., MASTERSON, J., BYNG, S., PRIOR, M., RIDDOCH, J. (1983). Surface dyslexia. *Quarterly Journal of Experimental Psychology, 35*(A), 469-495.

COLTHEART, M., RASTLE, K, PERRY, C., LANGDON, R., & ZIEGLER, J. (2001). DRC: A Dual Route Cascaded model of visual word recognition and reading aloud. *Psychological Review, 108*, 204-256.

COLTHEART, V., LEAHY, J. (1992). Children's and Adults' Reading of Nonwords: Effects of Regularity and Consistency. *Journal of Experimental Psychology, 18*(4), 718-729.

CONTENT, A., MOUSTY, P., & RADEAU, M. (1990). Brulex: Une base de données lexicales informatisée pour le Français écrit et parlé. *L´Année Psychologique, 90*, 551-566.

CHRISTIANSEN M.; CHATER, N. (1999). Connectionist Natural Language Processing: the State of the Art. *Cognitive Science, 23*(4), 417-437.

CUETOS, F. (1993). Writing Processes in a shallow orthography. *Reading and Writing, 5*, 17-28.

DEFIOR, S., MARTOS, F., CARY, L. (2002). Differences in reading acquisition development in two shallow orthographies: Portuguese and Spanish. *Applied Psycholinguistics, 23*, 135-148.

DENCKLA, M., RUDEL, R. (1976). 'Rapid automatised naming': dyslexia differnciated from other learning disabilities. *Neuropsychologia, 14*, 471-479.

DUNCAN, L., SEYMOUR, P., HILL, S. (1997). How important are rhyme and analogy in beginning reading? *Cognition, 63*, 171-208.

EHRI, L. (1984). How orthography alters spoken language competencies in children learning to read and spell. In J. Downing, & Valtin, R. (Ed.), *Lan-guage Awareness and Learning to Read* (pp. 119-147). NY: Springer Verlag.

EHRI, L. (1992). Reconceptualizing the development of sight word reading and its relation to recoding. In L. E. P. Gough, R. Treiman (Ed.), *Reading acquisition* (pp. 107-143). NY.: Hillsdale: Erlbaum.

EHRI, L. (1997). Learning to read and learning to spell: are one and the same, almost. In L. R. C.A. Perfetti, M. Fayol (Ed.), *Learning to spell: Research, theory and practice across languages*. Hillsdale, NJ: Erlbaum.

EHRI, L. (1998). Grapheme-phoneme knowledge is essential for learning to read words in English. In L. E. J. L. Metsala (Ed.), *Word recognition in beginning literacy* (pp. 3-40). Mahwah, NJ: Erlbaum.

EHRI, L., & WILCE, L. S. (1980). The influence of ortography on reader's conceptualization of the phonemic structure of words. *Applied Psycholinguistics, 1*, 371-385.

EHRI, L., & WILCE, L. S. (1985). Movement into reading: Os the first stage of printed word learning visual or phonetic? *Reading Research Quarterly, 20*, 163-179.

FRITH, U. (1985). Beneath the Surface of Developmental Dyslexia. In M. C. K. E. Patterson, J. C. Marshal (Ed.), *Surface Dyslexia - Neuropshychological and Cognitive Studies of Phonological Reading* (pp. 301-330). London: Lawrence Erlbaum Associates.

FRITH, U., WIMMER, H., LANDERL, K. (1998). Differencess in phonological recoding in German- and English-speaking children. *Scientific Studies of Reading, 2*, 31-54.

FROST, R., KATZ, L., BENTIN, S. (1987). Strategies for visual word recognition and ortohgraphic depht: A multilingual comparison. *Journal of Experimental Psychology, 13* (Human Perception and Performance), 104-115.

FUNNEL, E. (1983). Phonological processes in reading: New evidence from acquired dyslexia. *British Journal of Psychology, 74*, 159-180.

GENARD, N., MOUSTY, P., ALEGRIA, J., LEYBAERT, J., MORAIS, J. (1998). Methods to establish subtypes of developmental dyslexia. In L. P. Reitsma, Verhoeven (Ed.), *Problems and Interventions in literacy development* (pp. 163-176). Dordrecht, The Netherlands: Kluwer.

GLUSHKO, R. (1979). The organization and activation of orthographic knowledge in reading aloud. *Journal of Experimental Child Psychology: Human Perception and Performance, 5*, 674-691.

GOMBERT, E. (2003). L'apprentissage des codes grapho-phonologique et graphosémantique en lecture. In M. N. Romdhane, Gombert, J.E. & M. Belajouza (Ed.), *L'apprentissage de la lecture : perspectives comparatives* (pp. 19-34). Rennes: PUR.

GOMBERT, E., BRYANT, P., & WARRICK, N. (1997). Les analogies dans l'apprentissage de la lecture et de l'orthographe. In L. Rieben, Fayol, M., & Perfetti, C. (Ed.), *L'acquistion de l'orthographe*. Genève: Delachaux et Niestlé.

GOMES, I. (2001). *Ler e escrever em português europeu*. Universidade do Porto, Porto.

GOODMAN, K. (1965). A linguistic study of cues and miscues in reading. *Elementary English, 42*, 639-643.

GOSWAMI, U., & BRYANT, P. (1990). *Phonological skills and learning to read*. Hillsdale, NJ: Lawrence Erlbaum.

GOSWAMI, U. (1993). Toward an interactive analogy model of reading development: decoding vowel graphemes in beginning reading. *Journal of Experimental Psychology, 56*, 443-475.

GOSWAMI, U., GOMBERT, E., de BARRERA, L. (1998). Children's orthographic representations and linguistic transparency: nonsense words reading in English, French and Spanish. *Applied Psycholinguistics, 19*, 19-52.

GOSWAMI, U., PORPODAS, C., WHEELWRIGHT, S. (1997). Children's ortographic representations in English and Greek. *European Journal of Psychology of Education, 12*, 273-292.

GOUGH, P., & TUNMER, W. E. (1986). Decoding, reading, and reading disability. *Remedial and Special Education, 7*, 6-10.

GOUGH, P., & WALSH, M. (1991). Chinese, Phoenicians and the Orthographic Cipher of English. In S. Brady, Shankweiler, D. (Ed.), *Phonological Processes in Literacy – A Tribute to Isabelle Liberman* (pp. 199-209). Hillsdale, NJ: Lawrence Erlbaum Associates.

GOUGH, P., HILLINGER, M. (1980). Learning to read: An unnatural act. *Bulletin of the Orton Society, 30*, 179-195.

GOUGH, P., JUEL, C., & ROPER-SCHNEIDER, D. (1983). Code and cipher: A two-stage conception of initial reading acquisition. In J. A. Niles, Harris, L. A. (Ed.), *Searches for meaning in reading/language processing and interaction*. Rochester, NY: National Reading Conference.

JARED, D., MCRAE, K, & SEIDENBERG, M. (1990). Naming multisyllabic words. *Journal of Experimental Psychology, 16*(Human Perception and Performance), 92-105.

KATZ, L., FROST, R. (1992). Reading in different ortographies: The orthographic depht hypothesis. In L. K. R. Frost (Ed.), *Orthography, phonology, morphology, and meaning*. Amsterdam: North-Holland.

LANDERL, K., & WIMMER, H. (2000). Deficits in phoneme segmentation are not the core problem of dyslexia: Evidence from German and English children. *Applied Psycholinguistics, 21*, 243-262.

LANDERL, K., WIMMER, H., FRITH, U. (1997). The impact of orthographic consistency on dyslexia: A German-English comparison. *Cognition, 63*, 315-334.

LOBROT, M. (1973). *Lire avec épreuves pour évaluer la capacité de lecture*. Paris: ESF.

MANN, V., & LIBERMAN, I. (1984). Phonological awareness and verbal short-term memory. *Journal of Learning Disabilities, 17*, 592-598.

MANIS, F., SEIDENBERG, M., DOI, L., MCBRIDE-CHANG, C., PETERSON, A. (1996). On the basis of two subtypes of developmental dyslexia. *Cognition, 58*, 157-195.

MARIN, J. & CARRILLO, M. (1998). Test de Eficiencia Lectora. Universidad de Murcia: versão para investigação.

MARSH, G., FRIEDMAN, M., WELSCH, V., DESBERG, P. (1981). A cogniticve developmental theory of acquisition. In G. E. M. T. G. Walker (Ed.), *Reading Research: Advances in theory and pratcice, vol. 3*. Hillsdale, NJ: Erlbaum.

MCCARTHY, R., & WARRINGTON, E. (1986). Phonological reading. Phenomena and paradoxes. *Cortex, 22*, 359-380.

MORAIS, J. (1997). *A arte de ler. Psicologia Cognitiva da Leitura*. Lisboa: Ed. Cosmos.

NAIDOO, S. (1972). *Specific Dyslexia*. London: Pittman Publishing.

ONEY, B., & GOLDMAN, S. R. (1984). Decoding and comprehension skills in Turkish and English: Effects of the regularity of grapheme-phoneme correspondences. *Journal of Educational Psychology, 76*, 557-568.

PAULESU, E., MCCRORY, E., FAZIO, F., MENONCELLO, L., BRUNWICK, N., CAPPA, S. F., COTELLI, M., COSSU, G., CORTE, F., LORUSSO, M., PESENTI, S., GALLAGHER,

A., Perani, D., Price, C., Frith, C., Frith, U. (2000). A cultural effect on brain funtion. *Nature Neurosciences, 3*(1), 91-96.

Perfetti, C. A., Goldman, S., & Hughes, C. (1979). Reading skill and the identification of words in discourse context. *Memory and Cognition, 2,* 273-282.

Piérart, B. & Gregoire, J. (2004). Déchiffrer et comprendre: le test de closure en lecture revisité: Etalonnage belge du L3 de Lobrot.. *Le Langage et l'homme,* 39, 2, 87-100.

Plaut, D., McClelland, J., Seidenberg, M., Patterson, K. (1996). Understanding normal and impaired word reading: Computational principles in quasi--regular domains. *Psychological Review, 103,* 56-115.

Porpodas, C. (1999). Patterns of phonological and memory processing in beginning readers and spellers of Greek. *Journal of Learning Disabilities, 32,* 406-416.

Ramus, F. (2001). Outstanding Questions about Phonological Processing in Dyslexia. *DYSLEXIA, 7,* 197-216.

Rayner, K., & Pollatsek, A. (1989). *The psychology of reading.* NJ: Prentice Hall.

Relatório do Desenvolvimento Humano 2004: Liberdade Cultural num Mundo Diversificado. (2004). Lisboa: Programa das Nações Unidas para o Desenvolvimento.

Resultados do Estudo Internacional PISA 2000. (2001). Lisboa: Ministério da Educação, Gabinete de Avaliação Educacional.

Seidenberg, M., McClelland, J. (1989). A distributed, developmental model of word recognition and naming. *Psychological Review, 96,* 523-568.

Seymour, P. H. K. (1990). Developmental dyslexia. In M. W. Eysenck (Ed.), *Cognitive Psychology: An International Review.* Chichester: Wiley.

Seymour, P. H. K. (1997). Foundations of orthographic development. In F. E. T. I. Lundberg, I. Austad (Ed.), *Dyslexia: Advances in theory and practice* (pp. 59-73). Dordrecht: Luwer.

Seymour, P. H. K. (1999). Cognitive architecture of early reading. In F. E. T. I. Lundberg, I. Austad (Ed.), *Dyslexia: Advances on Theory and Practice.* Dordrecht: Kluwer.

Seymour, P. H. K. (2000). *Meeting on Reading acquistion/Dyslexia in the Nordic languages.*Unpublished manuscript.

Seymour, P. H. K., & Evans, H. M. (1994). Sources of constraints and individual variations in normal and impaired spelling. In G. Brown, D., A. & Ellis, N., C. (Ed.), *Handbook of spelling: Theory, process, and intervention* (pp. 129-153). Chichester: Wiley.

Seymour, P. H. K., & McGregor, C. (1984). Developmental dyslexia: a cognitive experimental analysis of phonological, morphemic and visual impairments. *Cognitive Neuropsychology, 1,* 43-82.

Seymour, P. H. K., Aro, M., Erskine, J. (2003). Foundation Literacy acquisition in European orthographies. *British Journal of Psychology, 94,* 143-174.

SEYMOUR, P. H. K., DUNCAN, L. (2001). Learning to read in English. *Psychology,* 8, 281-299.

SEYMOUR, P. H. K., ELDER, L. (1986). Beginning reading without phonology. *Cognitive Neurophsychology, 3,* 1-37.

SEYMOUR, P. H. K., EVANS, H. M. (1999). Foundation level dyslexias: Assessment and treatment. *Journal of Learning Disabilities, 32,* 394-405.

SHARE, D. (1995). Phonological recoding and self-teaching: Sine qua non of reading acquisition. *Cognition, 55,* 151-218.

SHARE, D. (1999). Phonological Recoding and Orthographic Learning: A Direct Test of the Self-Teaching Hypothesis. *Journal of Experimental Child Psychology, 72,* 95-129.

SHARE, D., JORM, A., MACLEAN, R., & MATHEWS, R. (1984). Sources of individual differences in reading acquistion. *Journal of Educational Psychology, 76,* 1309-1324.

SHAYWITZ, S. (1996). Dyslexia. *Scientific American,* 98-104.

SMITH, F. (1971). *Understanding Reading.* New York: Holt, Rinehart & Winston.

SNOWLING, M. (1981). Phonemic deficits in developmental dyslexia. *Psychological Research, 43,* 219-234.

SNOWLING, M. (1987). *Dyslexia.* Oxford: Basil Blackwell.

SPRENGER-CHAROLLES, L. (2002). Linguistic processes in reading and spelling: The case of alphabetic rwriting systems. In P. B. T. Nunes (Ed.), *Handbook of children's literacy.* Dordrecht, The Netherlands: Kluwer.

SPRENGER-CHAROLLES, L. (2003). Linguistic processes in reading and spelling: The case of alphabetic writing systems: English, French, German and Spanish. In T. Nunes, & Bryant, P. (Ed.), *Handbook of children's literacy* (pp. 43--65). Dordrecht: Kluwer Academic Publishers.

SPRENGER-CHAROLLES, L., & CASALLIS, S. (1995). Reading and spelling acquistion in French first graders: Longitudinal evidence. *Reading and Writing: An Interdisciplinary Journal, 7,* 1-25.

SPRENGER-CHAROLLES, L., & SIEGEL, L. (1997). A longitudinal study of the effects of syllabic structure on the development of reading and spelling skills in French. *Applied Psycholinguistics, 18,* 485-505.

SPRENGER-CHAROLLES, L., BONNET, P. (1996). New doubts on the importance of the logographic stage: A longitudinal study of French children. *Cahiers de Psychologie Cognitive, 15,* 173-208.

SPRENGER-CHAROLLES, L., COLÉ, P., LACERT, P., SERNICLAES, W. (2000). On subtypes of developmental dyslexia: Evidence from processing time and accuracy scores. *Canadian Journal of Experimental Psychology, 54,* 87-103.

SPRENGER-CHAROLLES, L., SIEGEL, L., & BÉCHENNEC, D. (1998). Phonological Mediation and Orthographic Factors in Silent Reading in French. *Scientific Studies of Reading, 2,* 3-29.

Referências Bibliográficas

SPRENGER-CHAROLLES, S., L., BONNET, P. (1998). Reading and Spelling Acquisition in French: The Role of Phonological Mediation and Orthographic Factors. *Journal of Experimental Child Psychology, 68*, 134-165.

STEIN, W., WALSH, M. (1997). To See; but not to Read; The Magnocellular theory of Dyslexia. *Perspectives, 20*, 147-151.

STUART, M., & COLTHEART, M. (1988). Does reading develop in a sequence of stages? *Cognition, 30*, 139-181.

SUCENA, A. (2005). Aprendizagem da leitura e da escrita em Português Europeu numa perspectiva trans-linguística. Tese de Doutoramento apresentada à Faculdade de Psicologia e Ciências da Educação da Universidade do Porto.

SUCENA, A., CASTRO, S. L. (no prelo). ALEPE: Bateria de Avaliação da Leitura em Português Europeu. Ed: CEGOC

TEMPLE, C., & MARSHALL, J. (1983). A case study of developmental phonological dyslexia. *British Journal of Psychology, 74*, 517-533.

TORGESEN, J. (1998). Catch them before they fall: identification and assessment to prevent reading failure in young children. *American Educator*, 1-8.

TORGESEN, J., WAGNER, R., RASHOTTE, C., BURGESS, S., HECHT, S. (1997). Contributions of phonological awareness and rapid automatic naming ability to the growth of word-reading skills in second- to fifth-grade children. *Scientific Studies of Reading, 1*, 161-186.

TREIMAN, R., & CASSAR, M. (1997). Spelling aquisition in English. In C. A. Perfetti, Fayol, M., & Rieben, L. (Ed.), *Learning to spell. Research, theory and practice across languages*. Hillsdale, NY: Lawrence Erlbaum.

WAGNER, R., & TORGESEN, J. (1987). The nature of phonological processing and its causal role in the acquisition of reading skills. *Psychological Bulletin, 101*, 192-212.

WIMMER, H. (1993). Characteristics of developmental dyslexia in a regular writing system. *Applied Psycholinguistics, 14*, 1-33.

WIMMER, H., & GOSWAMI, U. (1994). The influence of ortographic consistency on reading development: word recognition in English and German children. *Cognition, 51*, 91-103.

WIMMER, H., LANDERL, K., LINORTNER, R., & HUMMER, P. (1991). The relationship of phonemic awareness to reading acquisition. More consequence than precondition but still important. *Cognition, 40*, 219-249.

WIMMER, H., MAYRINGER, H., LANDERL, K. (2000). The double-deficit hypothesis and learning to read a regular orthography. *Child Development, 57*, 998-1000.

WOLF, M., BALLY, H., & MORRIS, R. (1986). Automaticity, retrieval processes, and reading: A longitudinal study in average and impaired readers. *Child Development, 57*, 988-1000.

WOLF, M., BOWERS, P. (1999). The double deficit hypothesis for the developmental dyslexias. *Journal of Educational Psychology, 91*, 415-438.

ZIEGLER, J., GOSWAMI, U. (2005). Reading Aquisition, developmental Dyslexia and Skilled Reading across Languages: A Psycholinguistic Grain Size Theory. *Psychological Bulletin.*

ZIEGLER, J., JACOBS, A., STONE, G. (1996). Statistical analysis of the bi-directional inconsistency of spelling and sound in french. *Behavior Research Methods, Instruments and Computers, 28*(4), 504-515.

ZIEGLER, J., PERRY, C., COLTHEART, M. (2000). The DRC model of visual word recognition and reading aloud: An extension to German. *European Journal of Cognitive Psychology, 12*(3), 413-430.

ZIEGLER, J., PERRY, C., MA-WYATT, A., LADNER, D., SCHULTE-KORNE, G. (2003). Developmental dyslexia in different languages: Language-specific or universal? *Journal of Experimental Child Language, 86,* 169-193.